AF177521

Franca
Parianen

Teilen und
Haben

Zum Buch

Teilen heißt überleben, zumindest aus Sicht der menschlichen Evolution. In unserer stürmischen Entwicklung war die Verteilung von Arbeit, Wissen und Risiken unsere größte Stärke und zugleich einzige Chance. Bis heute prägt sie Gehirn und Gesellschaft – vom solidarischen Sozialstaat über die Lust, Informationen zu tauschen (oder Katzenfotos), bis zur komplexen Arbeitsteilung in jedem Lebensbereich (vor allem WG-Küchen). Was aber, wenn Teilen nicht mehr als Grundbedingung gilt, sondern nur noch als Verlustgeschäft? Wenn Besitz das Gleichgewicht aus Kosten, Nutzen und Risiken kippt? Und wenn dabei alles, was wir einst geteilt haben – ob Bildung, Nahrung oder Care-Arbeit –, als Erstes unter den Tisch fällt? Weltweit wehren sich immer mehr Menschen gegen Ungleichheit und Ausbeutung. In der Krise und an den Grenzen unserer Ressourcen wird Verteilungsgerechtigkeit wieder zur Überlebensfrage. Franca Parianen zeigt: Wenn wir eine Zukunft haben wollen, müssen wir die verlorene Kunst des Teilens schleunigst wiederentdecken.

Die Autorin

Dr. Franca Parianen, geboren 1989, ist Kognitions- und Neurowissenschaftlerin, Science-Slammerin und Buchautorin mit einem Hintergrund in Sozialforschung und globaler Entwicklung. Nach ihrem Bestseller *Woher soll ich wissen, was ich denke, bevor ich höre, was ich sage?* (2017) erschien von ihr zuletzt *Hormongesteuert ist immerhin selbstbestimmt* (2020). Franca Parianen lebt in Berlin.

Franca Parianen

Teilen und Haben

Warum wir zusammenhalten müssen, aber nicht wollen

Dudenverlag
Berlin

© Duden 2021   D C B A
Bibliographisches Institut GmbH, Mecklenburgische Straße 53, 14197 Berlin

Redaktion Dr. Ludger Ikas
Herstellung Alfred Trinnes
Layout und Umschlaggestaltung Schimmelpenninck.Gestaltung, Berlin
Satz L101 Mediengestaltung, Fürstenwalde
Druck und Bindung CPI books GmbH, Birkstraße 10, 25917 Leck
Printed in Germany

ISBN 978-3-411-75635-3
Auch als E-Book erhältlich unter: ISBN 978-3-411-91346-6
www.duden.de

Es war einmal eine Spezies, die ziemlich allein auf der Welt war. Erst waren sie die letzten Zweibeiner, dann die letzten Menschen. Vor allem waren sie mit der Gesamtsituation unzufrieden. Das ist ziemlich bemerkenswert, wenn man bedenkt, dass sie fast alles auf ihrem Planeten selbst gestaltet hatten. Sie hatten das Licht entfacht, den Boden bewirtschaftet, Sandbänke aufgeschüttet und dekorative Straßenlaternen aufgestellt. Sie saßen im Winter im Warmen, im Sommer am Meer, und ihre Fressfeinde saßen im Zoo. Aber egal, wo sie saßen, sie waren ziemlich oft unglücklich. Selbst diejenigen unter ihnen, die Medizin und Nahrung hatten und außer Montagen gar kein Problem.

Nachdem sie lange Zeit dem Wetter die Schuld gegeben und sich sehr ausdrücklich darüber beklagt hatten, kamen die Vertreter dieser Spezies irgendwann zum einzig logischen Schluss: Die Hölle, sagten sie sich, das sind die anderen. Immerhin ergab sich fast alles an Sorgen und Ärger ja aus dem, was die Menschen um sie herum sagten, dachten und machten. Aus ihrer Unhöflichkeit, Raffgier und Gewalt oder, noch schlimmer, aus ihrem Humor.

Spätestens als die anderen nicht nur die Hölle waren, sondern auch noch ansteckend, fiel den Menschen auf, dass sie alle ziemlich dicht beisammenstanden. Viele fragten sich, ob man die ganze Idee von Gesellschaft nicht grundsätzlich überdenken sollte. Andere fanden, man sei mindestens seit dem Anbau von Kohlehydraten auf dem Holzweg. Selbst eingefleischte Großstädter träumten plötzlich vom Land (oder zumindest einem Schrebergarten). Alles in allem wirkten einsame Orte plötzlich sehr attraktiv: Tundren, Vulkaninseln, abgeschiedene Täler, hohe Berge oder Brandenburg (jedenfalls dort, wo man keine Brandenburger traf). Hauptsache, ein Stückchen Welt ganz für uns allein. Mit einem kleinen Zaun, der die Deppen fernhält – wenigstens die ohne Maske. Wär' das nicht schön?

Dann also Schluss mit Optimismus. Aus, vorbei, Klappe zu, Affe tot, wir haben es versucht. Wie soll man auch ein Buch über die erstaunliche Sozialkompetenz des Menschen schreiben, wenn sich vor dem Fenster die Konflikte so atemlos aneinanderreihen, dass man bei jeder Pinkelpause Angst hat, einen wichtigen Teil der Handlung zu verpassen? (Scherz, es nehmen ja eh alle ihre

Handys mit aufs Klo.) Ständig laufen die Twitter-Trends heiß, weil wieder irgendwas passiert (oder mindestens Dieter Nuhr). Und ziemlich häufig ist das, was uns daran stresst, nicht mal so sehr dieser tägliche Katastrophenticker, sondern die permanente Koordination mit den anderen, die nötig ist, um damit umzugehen. Die Regeln, die wir neu erfinden müssen – für Politik, Einkauf, Schulen und U-Bahn-Vierer. Zusammenleben heißt teilen, sich arrangieren, Kompromisse finden. Das ist nicht immer schön, und darum ziehen die meisten von uns irgendwann aus WGs aus. Allerdings müssen wir uns dann immer noch den Planeten teilen, und das jüngste Weltgeschehen hat uns gezeigt, dass wir das ja mal so überhaupt nicht hinkriegen.

Dabei waren wir gerade ein bisschen warm geworden mit der Menschheit. Nachdem die Sozialpsychologie erst mal die langen Schatten der 1930er- und 1940er-Jahre aufarbeiten musste, mit wilden Experimenten zu Gehorsam und Gruppenzwang, und andere Wissenschaften sich sicherheitshalber aufs neutrale Terrain des ich-bezogenen *Homo oeconomicus* zurückzogen, hatten Psychologie und Hirnforschung für eine kleine Revolution gesorgt. Die Entdeckung der Spiegelneuronen im Jahr 1996 löste eine ganze Welle bahnbrechender Erkenntnisse aus, über die erstaunlich soziale Neigung der Spezies Mensch: In unserem Kopf simulierten wir nicht nur die Bewegungen anderer Menschen, sondern auch deren Gefühle und Gedanken. Alles in allem betrachtet, müssten wir tolle Gruppenarbeitspartner sein!

Natürlich kamen die Erkenntnisse damals schon mit einigen Fußnoten – zehn zehn Jahre nach den Spiegelneuronen entdeckte die Neurowissenschaft die Schadenfreude und die Grenzen unseres Mitgefühls gegenüber den Anhängern anderer Fußballmannschaften. Und außerdem gab es ja immer noch das Problem mit der Realität (»Also, irgendwie finde ich diese supersozialen Menschen nie in *meiner* Arbeitsgruppe!«). Trotzdem gaben diese Experimente unserem positiven Menschenbild Aufwind, inspirierten zahllose Bücher über das empathische Herz und weckten die Hoffnung auf ein kooperatives Zeitalter. Kurzum, eine Zeit lang sah es gut für uns aus. Bis jetzt. Denn von unserer menschenfreundlichen Aufbruchstimmung ist leider nicht allzu viel übrig. Das Einzige, was uns gerade wirklich überzeugend verbindet, ist eine globale Untergangsstimmung.

Mit welchen Sozialkompetenzen die Natur Menschen auch immer ausgestattet hat – sie scheinen nicht auszureichen. Jedenfalls nicht in einem Maße, das uns in sehr naher Zukunft noch einen bewohnbaren Planeten lässt.

Wobei manche Leute wahrscheinlich anmerken würden, dass sie das Problem weniger bei der menschlichen Sozialkompetenz sehen als beim globalen Kapitalismus. Der globale Kapitalismus wiederum würde sagen, dass das Schöne an ihm ja gerade ist, dass Menschen gar nicht sozial kompetent sein *müssen*, solange sie nur produktiv sind. Aber ganz egal, auf welcher Ebene wir das Problem vermuten, bei der Lösungssuche kommen wir am Menschen nicht vorbei. Schließlich sind wir es nun mal, die unsere Welt gestalten, und wir müssen damit leben. Da drängt sich die Frage ja förmlich auf, warum das so schlecht klappt. Ohnehin zwingen uns die gehäuften Konflikte und Krisen der jüngsten Zeit dazu, nach gemeinsamen Ursachen zu suchen. Nach einem zugrunde liegenden Muster, das über »Dieses verdammte Jahr!« hinausgeht. Kein Problem sticht dabei so sehr hervor wie dieses: Verteilung.

Fast alle Bewegungen unserer Zeit drehen sich um das Teilen und Haben. Von #FridaysForFuture über #BlackLivesMatter und #wirhabenplatz bis #metoo: Sie alle fragen, was wem zusteht und wer etwas abgeben muss. Wer auf dieser Welt den Löwenanteil an Geld, Macht, Ressourcen und dem Streben nach Glück bekommt – und wer dafür bezahlt, wenn dabei aus Versehen 2000 Tonnen Öl auslaufen.

Auf der Gegenseite erstarkt wiederum eine Strömung, die findet, dass sie von dem vielen oder wenigen, was sie hat, am liebsten gar nichts abgeben möchte und dass sie außerdem ungern »alte weiße Männer« genannt wird. Dafür verweist sie umso lieber auf ein imaginäres volles Boot, was wiederum ein ziemlich verqueres Bild ist, wenn man es Leuten entgegenschleudert, die in einem echten vollen und außerdem sinkenden Boot sitzen. Von Erderwärmung über White Supremacy bis Klopapier – im Jahr 2020, während ich dieses Buch schreibe, trifft alles krachend aufeinander.

Gleich im Januar sprechen die Zeichen der Zeit eine eindeutige Sprache, als Australien in Flammen steht und die Australier mindestens genauso wütend auf die Brände sind wie auf ihren Premierminister und dessen Nähe zur Kohleindustrie. Oder als die gesammelte Jugend der USA plötzlich ihre Hoffnung in einen Sozialisten setzt (oder, wie man in Europa sagt, einen Mitte-links-Kandidaten). Oder als im Februar *Parasite* den Oscar gewinnt, ein Film über die ziemlich buchstäbliche Angst vor dem sozialen Abstieg – vom lichtdurchfluteten Haus ins Souterrain, in den Keller. Der koreanische Film stößt offenbar bis ans andere Ende der Welt auf Resonanz. Mindestens bis Berlin, wo man im gleichen Monat versucht, den explodierenden Mietpreisen einen Deckel aufzusetzen. Die Enteignungsdebatte tobt, und die Sozialismusvergleiche blühen, doch im Mai ist es erst mal die Black-Lives-Matter-Bewegung aus den USA, die nach dem Mord an George Floyd auch die deutsche

Hauptstadt erfasst. Ende August läuft vor der mauritischen Küste ein Tanker auf Grund, bricht auseinander und leckt tonnenweise Öl. Am selben Tag, als dort Hunderttausende gegen lasche Umweltpolitik demonstrieren, versammeln sich in Berlin Corona-Demonstranten unter einer beunruhigenden Anzahl von Reichskriegsflaggen. Im September brennen das brasilianische Pantanal und das Flüchtlingslager in Moria. Der Himmel über Kalifornien färbt sich erst orange und dann blutrot.

Der Kampf um die Verteilung der Erde ist in vollem Gange, und wir können nicht mal behaupten, man habe uns nicht gewarnt. Die meisten Konflikte schwelen schon lange, begleitet von ausdrücklichen Vorwarnungen durch Wissenschaft, Aktionstage und den ein oder anderen Glückskeks. In Deutschland gab es das erste Beben ja schon ein Jahr vorher, als die komplette Jugend beschloss, ein fünfzigminütiges Video zu gucken, in dem ein Youtuber namens Rezo erst Ungleichheit und dann den Klimawandel erklärt, ehe er den Regierungsparteien Untätigkeit in beidem vorwirft. (In gewisser Weise ist es *ein* Thema, denn die reichsten 1 Prozent besitzen nicht nur mehr als die untere Hälfte, sie verbrauchen auch mehr als doppelt so viel CO_2.) Konnte ja keiner ahnen, dass sich das Thema mit der Antwort »Hey Rezo, du alter Zerstörer« und einem 11-seitigen Antwort-PDF der CDU nicht erledigen lässt.

Unser Verteilungsproblem ist nichts Neues, aber als plötzlich die Nudelregale leer sind, sind wir dann doch überrascht. In dieser Form haben wir es wirklich nicht kommen sehen. Eine Pandemie müsste eigentlich gar keine Verteilungskonflikte verursachen, denn das Einzige, was da verteilt wird, sind Viren, und die will per Definition keiner haben. Aber am Ende tut sie's natürlich doch, und das nicht nur, weil abstrakte Verteilungsfragen sehr greifbar werden, wenn plötzlich Desinfektionsmittel alle sind. Vielmehr, weil aus den Rissen im sozialen Gefüge plötzlich tiefe Gräben werden.

Auf einmal wird wirklich allen sehr offensichtlich klar, was wir als Gesellschaft eigentlich nie ganz geklärt haben: wer für die Kosten von Care-Arbeit verantwortlich ist oder wie viele Kostbarkeiten ein Einzelner ansammeln darf (wahlweise Ravioli). Warum vermeintlich essenzielle Mitarbeiter nie einen essenziellen Anteil am Kuchen abbekommen und Berufsgruppen, die wir im Lockdown kaum vermissen, die ganze Bäckerei. Was uns aber am allermeisten verdattert, ist, dass wir uns offenbar auf gar nichts mehr einigen können: nicht auf die zu ergreifenden Maßnahmen, nicht auf die Fakten, ja nicht einmal auf ein gemeinsames schützenswertes Ziel – Menschenleben. Man kann es den Einzelnen kaum verübeln, dass sie mittlerweile das System und/oder gleich die Zivilisation infrage stellen. Oder sich zumindest fragen, ob sie sich nicht doch überzeugendere Gruppenmitglieder hätten aussuchen sollen.

Also doch lieber auf eine einsame Insel, oder versuchen wir es noch mal miteinander?

I dealistisch gesehen, ist die Sache klar: Wir *mögen* es zu teilen. Edel soll es sein, hilfreich und gut. Wir verehren Jesus und Lady Di, die barmherzigen Samariter und den Freund, der immer so viel Trinkgeld gibt. Je nach Informationsblase auch Bill Gates. Auf jeden Fall identifizieren wir uns mit all denen lieber als mit Scrooge, dem Dickens'schen Geizhals. Wer will schon zugeben, dass er auf Weihnachtsbesuch von drei Geistern wartet, bevor er seine Praktikantinnen angemessen bezahlt?

Auch unseren Kindern versuchen wir Werte wie Solidarität und Sorge um die Schwächeren mitzugeben (»Was auch immer sie später vom BWL-Studium abhält«). »Kinder müssen teilen lernen« heißt das Mantra liebevoller erzieherischer Kleinarbeit und pädagogisch wertvoller Kinderbücher: Der Regenbogenfisch teilt seine Schuppen so freigiebig, dass einige den Autor Kommunist nennen, und der kleine Dinosaurier Bronto teilt mindestens ein Eis. Beide geben allerdings etwas ab, um nicht mehr gemobbt und verhauen zu werden, und wenn das der einzige Grund zum Teilen ist, dann haben wir womöglich ein ganz anderes pädagogisches Problem. In Kirsten Boies *Juli tut Gutes* teilt Juli zwar großzügig wie Sankt Martin, aber auch nur, weil ihn seine Mutter dazu zwingt.

Es scheint gar nicht so einfach zu sein, uns die pure Freude am Teilen zu vermitteln. Aber das hat wohl auch kein Elternteil erwartet, das schon mal dabei zugesehen hat, wie sich seine Zwillinge im Sandkasten einen Boxkampf um den Schaufelbagger liefern. Im Notfall halten wir uns eben an den Anstandsrest – das letzte Stück, das niemand zu essen wagt, bis es kalt wird – und ansonsten an die goldene Regel, wonach das Kind, das die Schokolade teilt, niemals auswählen darf, welches Stück es selbst bekommt. Wobei die Kinder unseren Erziehungsversuchen wahrscheinlich weitaus skeptischer gegenüberstünden, wenn sie wüssten, dass wir danach ins Büro fahren zu unserer designierten Kaffeetasse und der handbeschrifteten Tupperdose. Oder dass sich das, was wir mit den Armen teilen – im Gegensatz zu geteilter Schokolade –, steuerlich absetzen lässt.

Auch Erwachsene muss man anscheinend erst einmal zum Teilen schubsen, möglicherweise mit weniger Regenbogenfischen und mehr göttlicher Erleuchtung. Im Hinduismus bringt das Teilen Karmapunkte, im Alten Testament zeugt es von Gottgefälligkeit. Im Buddhismus teilt man noch den letzten Bissen, und in einer islamischen Erzählung teilt eine Familie mit ihrem Gast, auch wenn sie dann selbst nichts mehr hat. Letzteres verheimlicht sie mittels geschickter Beleuchtung, und das würde auch den anderen Glaubensrichtungen gefallen, denn sie sind sich einig: Für Geschenke soll man weder Gegenleistung noch Anerkennung erwarten. Wobei der Hinduismus hinzufügt, dass es gut ist, wenn man auch die Gefühle des *Empfängers* im Blick hat. Falls Sie als Kind regelmäßig Socken geschenkt bekommen haben, hätten Sie Ihrer Oma einen Religionswechsel vorschlagen sollen.

Der religiöse Ansatz ist durchaus effektiv. Menschen, die man schüttelt und an den Herrgott erinnert, benehmen sich daraufhin freigiebiger (und bestrafungsfreudiger, aber das ist ein anderes Thema).[1] Und damit könnte die Frage, warum wir überhaupt teilen, eigentlich erledigt sein. Der ungläubige Rest der Menschheit findet in der Geschichte sicherlich eine Menge humanistischer Vorbilder, die ihm das Teilen nahelegen. Verteilungsproblem gelöst! Ich hoffe, Sie haben sich noch ein anderes Buch in den Urlaub mitgenommen?

Dummerweise sind wir mit der Umsetzung unserer (quasi-)religiösen Prinzipien dann doch wieder inkonsequent. Nicht umsonst findet man Buddha im Baumarkt direkt neben den Whirlpools (von wegen, das Leben ist Leiden!). Ein kommunistisches Parteibuch schützt nicht vor dem Traum vom Eigenheim, und das, was wir neulich ins Tauschregal gegeben haben, war streng genommen nicht unser *letztes Hemd*, sondern ein Wollpullover, der kratzt.

Es fühlt sich ja auch alles nicht ganz fair an. Schließlich haben wir uns das, was wir haben, sauer verdient, im Schweiße unseres Angesichts, auf einem unbequemen Bürostuhl (okay, gestern war ein ruhiger Tag, aber davor lagen ein paar sehr volle Wochen). Haben dafür alles erledigt, was wir sollten: den Auslandsaufenthalt und das unbezahlte Praktikum, Überstunden, grenzwertige Vorgesetzte und berufsbedingte Umzüge. Da ist es doch wahrlich nicht zu viel verlangt, dass man sich von der ganzen Arbeit jetzt ein paar wohlverdiente schöne Dinge kaufen und genießen kann, ohne dass einem jemand deshalb ein schlechtes Gewissen macht. Wir haben gestern erst Fairtrade-Kaffee gekauft!

Teilen ist nicht immer schön. Besonders, wenn man sich selbst gefühlt sehr stark eingebracht hat und die anderen sich eher so mittel. Außerdem kommt man sich reichlich komisch vor, wenn man mal großzügig ein paar Euro mehr abgibt und am nächsten Morgen direkt um ein paar weitere gebeten wird.

Am Ende erübrigen wir zähneknirschend etwas Kleingeld für den Gitarrenspieler oder den Geburtstagsstrauß an die nervigste Kollegin, über das Jahr verteilt ein paar Spenden und zu Weihnachten sogar mal eine, die man spürt – allein schon wegen der drei Geister. Bei den Kleckerbeträgen, die da zusammenkommen, kann man sich schon fragen, ob sie den Stress und das schlechte Gewissen wert sind.

Sucht man das Wort »Teilen« auf Wikipedia, zeigt das Titelbild zwei Kinder, die mit Strohhalmen aus derselben Limonadenflasche trinken. Beide sehen eher unglücklich aus.

Wenn uns ohnehin weder der kleine Dino noch irgendeine höhere Macht wirklich dazu bringt, zu teilen, könnten wir die Moralpredigten doch genauso gut bleiben lassen.

Natürlich war es zu Sankt Martins Zeiten mal wichtig, seinen Mantel mit einem frierenden Armen zu teilen. *Der* hatte mit Sicherheit keine Krankenversicherung. Heute hat sich aber doch der Staat dieses Problems angenommen, und wir persönlich müssen nichts weiter tun, als Parteien zu wählen, die dafür sorgen, dass das so bleibt. (»Bin ich wie Mutter Teresa? Na ja, sagen wir, ich habe noch nie die FDP gewählt.«) Was also, wenn wir unsere individuellen Bemühungen im Bereich großzügiges Teilen und unser ewiges schlechtes Gewissen einfach mal runterschrauben?

Das Geld für die Bedürftigen ließe sich jedenfalls auch anders organisieren. Durch Steuern und Strafzettel oder so. Thomas Hobbes würde den Vorschlag sofort abnicken. Der Philosoph hatte im 17. Jahrhundert allgemein niedrige Erwartungen an unser Sozialverhalten und sah den Menschen als fundamental egoistisch. Ohne die Fesseln der Zivilisation würde die Gier laut Hobbes von der Leine gelassen, und die Menschheit endete im ewigen Krieg aller gegen alle. Dagegen hilft nur das beherzte Eingreifen eines absoluten Herrschers (oder mindestens einer Steuerbehörde). Na, das passt zumindest zu unserem neu gefundenen Pessimismus.

Sollten wir unseren inneren Egoisten einfach anerkennen und unser schlechtes Gewissen über Bord werfen, würde uns eine nicht ganz so bunte Mischpoke aus Kapitalismusfreunden und Marktradikalen entschieden zustimmen (und wo sie schon dabei ist, noch etwas über Blockchain erzählen). Weniger begeistert wären sie von der Idee eines absoluten Herrschers, denn wenn aus ihrer Sicht irgendetwas fürs Gemeinwohl kontraproduktiv ist, dann Gängelung! Stattdessen schwören sie auf die unsichtbare Hand des Marktes nach Adam Smith. Die zugrunde liegende Argumentationskette ist ziemlich geradeheraus: Menschen bauen aus finanziellem Eigeninteresse genau das an, was andere Menschen essen wollen, eröffnen Läden, in denen sie einkaufen, und schreiben Bücher, die sie lesen (hoffentlich). Einfach, weil man mit unerwünschtem Gemüse weitaus weniger Geld macht (»Du hast unser Vermögen in *Rosenkohl* investiert!?«). Die Nachfrage bestimmt das Angebot, die Konkurrenz drückt die Preise, und alles zusammen bringt der Allgemeinheit mehr Nutzen als jede prosoziale Motivation. Oder, grob zusammengefasst nach Smith: Wir erwarten unser Abendbrot nicht von der Wohltätigkeit des Metzgers, Brauers und Bäckers, sondern von deren Augenmerk auf ihr eigenes Interesse.

Weil Kaufentscheidungen der Kundschaft außerdem ein ziemlich direktes Feedback sind, ist der Smith'sche Markt besser koordiniert als jeder staatliche Bepflanzungs-, Konsum- und Literaturplan, der nie weiß, wann das Volk gerade Tretroller oder Traktoren braucht. Das Gegenteil von »gut gemacht« ist ziemlich oft »gut gemeint«. Wenn wir also so viel Gutes aus purem Eigeninteresse schaffen können, warum sollen wir dann diese wunderbare Kraft zügeln, indem wir an andere denken?

Die Philosophin und Hausintellektuelle Libertärer und sonstiger Marktradikaler Ayn Rand (1905–1982) würde uns in diesem Gedankengang sicherlich bestärken. Die *Frankfurter Allgemeinen Zeitung* bezeichnet sie einmal als »Hohepriesterin des Egoismus«.[2] Ayn Rand würde uns von Teilen und Großzügigkeit dringendst abraten und am liebsten gleich allen Besitz in private Hände verlagern – einschließlich den der amerikanischen Ureinwohner.

Sie ist natürlich auch nicht die Erste, die so denkt. Schon im 18. Jahrhundert fragte Ökonom und Brite Thomas Robert Malthus, ob Nahrung für Hungernde nicht zu Überpopulation und noch mehr Hungernden führt. Er wurde prompt Bestsellerautor. Im 19. Jahrhundert erklärte der Sozialdarwinismus Hungernde gleich zu einem Fehler der Evolution. In den 1970ern und 1980ern wurde Malthus' Überpopulation wiederentdeckt, mit Blick auf hungernde Menschen in Afrika. Inzwischen hatte auch das Lob des Eigeninteresses ein Comeback erlebt. Seit den 1960er-Jahren erklärte der Ökonom Milton Friedman jedem Präsidenten, der es hören wollte, dass der Markt sich von allein regelt und die einzige soziale Verpflichtung jedes Unternehmens im Profit besteht. Damit begeisterte er erst das Pinochet-Regime in Chile und dann das Komitee für den Wirtschaftsnobelpreis. Und als der Staat in den 1980ern schwächelte, schlug die Stunde des Neoliberalismus. Bis heute beherrscht er Politik und Institutionen in den USA und im Rest der Welt.

Passenderweise ist Ayn Rand immer noch Pflichtlektüre im Bücherregal der US-Republikaner, und in Deutschland weckt Friedrich Merz neoliberale Hoffnungen. Offensichtlich fällt der Vorschlag »Wie wär's, wenn wir *nicht* teilen?« über Jahrhunderte hinweg immer wieder auf sehr fruchtbaren Boden. Die Idee des Teilens steht unter Beschuss.

Was inzwischen allerdings auch unter Beschuss steht, ist der Neoliberalismus selbst. Immerhin muss sein Markt

2020 zum x-ten Mal gerettet werden, die meisten Menschen haben ihm 2008 noch nicht verziehen, und der Papst hat dessen Grundsätze gerade erst ein Märchen genannt. Spätestens seit wir an die Grenzen unserer Ressourcen stoßen, wankt der Glaube an die Kraft des Eigennutzes. Klar liefert Adam Smith' Metzger Nahrung für alle, aber vorher trägt er mit seinen Kühen zum Klimawandel bei, Antibiotika im Futter belasten das Grundwasser, und kürzlich sind Dutzende Leute in der Schlachterei an Corona erkrankt. Zur Lösung dieser Probleme appellieren wir dann doch wieder an all das, was die freie Marktwirtschaft angeblich nicht nötig hat: Verantwortungsbewusstsein, Mitgefühl und Solidarität. Was die durchaus berechtigte Frage aufwirft: »Ja *was* denn nun!?«

Selten kollidiert unser Eigeninteresse mit dem der anderen so offensichtlich wie in einer Pandemie, und man fragt sich, ob unsere Fixierung darauf gerade nicht ganz und gar schädlich ist. Tatsächlich verweigern Anhänger des Sozialdarwinismus häufiger Masken.[3] Was, wenn uns kein innerer Widerstand, sondern die politische Kultur vom Teilen abhält?

Auch dafür gibt's eine Philosophen- und eine Kinderbuchfraktion. In der Sage »Die kleinen Leute von Swabedoo« teilen die Menschen von sich aus und mit Freude, bis ein böser Kobold sie vom Gegenteil überzeugt – und später von der Geldwirtschaft. In der Ecke der Philosophen steht Rousseau und erklärt uns, dass der Mensch nicht ganz so unleidlich wäre, wenn es in seinem Leben weniger staatliche Kontrollen gäbe und generell weniger Maschendrahtzaun. Am besten wäre es ihm zufolge gelaufen, wenn die Menschheit dem Ersten, der versucht hat, einen Zaun um ein Stück Land zu ziehen, ratzfatz eins übergezogen hätte. Irgendwo in Berlin liegt dieser Vorschlag wahrscheinlich als Petition aus.

Die Rousseau-Seite hat kürzlich frischen Rückenwind vom Soziologen Rutger Bregman bekommen (Sie kennen ihn vielleicht aus seiner Rolle als »der Mann, der in Davos über Steuern sprach« oder aus seinem aktuellen Bestseller *Im Grunde gut*). Bregman ist viel herumgereist, um das rätselhafte Sozialverhalten der Spezies Mensch zu erkunden und der Frage nachzugehen, ob die Zivilisation daran schuld ist.

Eine der spannendsten Geschichten, auf die er dabei gestoßen ist, handelt von drei Jungs, die mit einem Boot durchbrennen, weg von ihrem Internat im Allgemeinen und dem dortigen Essen im Besonderen. Sie geraten in einen Sturm und stranden ausgehungert auf einer einsamen und sehr ungastlichen Insel. Wie verhalten sich drei Jungs so mutterseelenallein, fernab von Eltern, Bibeln und auch sonst jeglicher ordnenden Instanz? Wie werden sie *miteinander* umgehen? Wenn Sie das an den Plot von *Herr der Fliegen* erinnert, haben Sie recht. Und falls Sie noch wissen, wie das Buch ausgeht, erwarten Sie jetzt wahrscheinlich nichts Gutes. Sie lägen mit dieser Prognose aber ziemlich daneben.

Noch während die Jungs orientierungslos auf dem Ozean treiben, teilen sie das Regenwasser, und auf der Insel teilen sie die Arbeit. Sie wechseln sich ab mit dem Fischen genauso wie mit der Verantwortung für das Feuer, und wenn sie sich streiten, setzen sie sich zum Abkühlen der Gemüter an unterschiedliche Enden der Insel. Anders als in *Herr der Fliegen* geht das Feuer nie aus, und es wird auch niemand von einem Felsbrocken überrollt. Nach ihrer Rettung heuern die Freunde gemeinsam auf einem Krabbenfischer an, und das ist mehr, als man von den meisten WGs behaupten kann.

Menschen teilen also selbst dann, wenn sie keine zivilisatorische Instanz dazu zwingt. Zumindest diese drei. Dass sie damit jedoch nicht völlig aus der Art schlagen, zeigen die Beobachtungen von Menschen, deren Städte, Häuser und Polizeistationen gerade von Flutwellen überrollt oder von Erdbeben verschüttet wurden.[4] Stellt sich raus: Wenn die Zivilisation zusammenbricht, suchen sich die meisten Menschen keinen Laden zum Plündern, sondern ihre Verwandten und die Schlange zu den Toiletten. Danach wahrscheinlich die zur Essensausgabe.

Selbst nach dem ersten Schock folgt auf Katastrophen kein abrupter Anstieg von Eigennutz, sondern eine Horde von Hilfstrupps. *Catastrophe Compassion* nennt sich die plötzliche Welle von Altruismus und Solidarität, die dann oft zu beobachten ist. Dicht gefolgt von einem anderen merkwürdigen Phänomen namens *Disaster convergence*: Statt sich wie vernünftige Menschen vom chaotischen Krisengebiet fernzuhalten, machen sich alle möglichen Helfer auf den Weg *dorthin*. Das muss man sich mal vorstellen! Menschen teilen also nicht nur da weiter, wo Recht und Ordnung gerade zerfallen, mitunter gehen sie zum Teilen extra in Richtung des Chaos. Und auch vor Ort lassen sie dann üblicherweise nicht alle Hemmungen fallen, um einen Schmugglerring mit THW-Hilfsgütern aufzumachen.

Auch wenn man Menschen an Kampf und Krieg nachweislich alles Übel zutrauen kann, scheint sich ausgerechnet die chaotische Hobbes'sche Jeder-gegen-jeden-Regellosigkeit nie so richtig einstellen zu wollen. Wer will sich auch mit einem Waldbrand *und* einem Krieg aller gegen alle abmühen müssen? Den meisten von uns fehlt dafür ohnehin die Oberarmmuskulatur.

Davon abgesehen gibt es handfeste Gründe, gerade unter Druck an Teilen und Solidarität festzuhalten. In der äthiopischen Dürrezeit sichern zum Beispiel besonders die Ärmsten ihre Handlungsfähigkeit durch Zusammenarbeit.[5] Diese Art Selbstwirksamkeit gehört, genauso wie Verbundenheit, zu unseren absoluten Grundbedürfnissen.

Überhaupt kann man nicht sagen, dass Teilen ein Schönwetterphänomen ist. Afghanische Bauern lockern in der eher mageren Jahreszeit zwar ihre *Erwartungen* an die Freigiebigkeit der Nachbarn, teilen aber dennoch genauso viel.[6] Chinesische Bauern investieren bei Wasserknappheit *mehr* Geld in den Gemeinschaftstopf.[7] Und chinesische Kinder aus ärmeren Familien teilen mehr Sticker – selbst dort, wo Armut bedeutet, dass Eltern ihre Kinder der städtischen Arbeit wegen zurücklassen müssen.[8] Einer der wenigen Berichte, in denen Großzügigkeit massiv sinkt, beschreibt das Bergvolk der Ik aus Uganda – mitten in einer schweren Hungersnot. Aber selbst dort kehrte die Großzügigkeit später wieder auf einen Durchschnittslevel zurück.[9]

Es mag also einen Punkt geben, an dem wir das Teilen dauerhaft infrage stellen. Aber die Norm zur Großzügigkeit ist resilienter als angenommen.

Das macht doch Hoffnung. Oder vielleicht macht es uns auch misstrauisch. Immerhin sind die Bilder von den leeren Supermarktregalen noch sehr frisch im Gedächtnis. Während der anfänglichen Panik sind wir dankbar für jede höhere Macht, die den Verkauf von Toilettenpapier und feuchten Tüchern auf zwei Packungen pro Person begrenzt. Allerdings sagt uns der kurzfristige Engpass wahrscheinlich mindestens ebenso viel über den Menschen wie über gesellschaftliche Organisation und engmaschige kommerzielle Lieferketten. Selbst Hilfsorganisationen mit besten Absichten fällt das Teilen manchmal schwer, wenn die Ressourcenlieferungen knapp koordiniert sind (oder exzessiven Überschuss liefern).[10] Im Gegensatz zu den Beispielen oben bilden Leute, die im Supermarkt einkaufen, auch keine gewachsenen Strukturen. Und auch auf etablierte Normen können wir uns beim Einkauf nur begrenzt verlassen (»Darf ich die letzte Pasta-Packung nehmen, wenn es noch Lasagneplatten gibt?«).

So oder so: Menschen teilen auch dann, wenn es eng wird und ihnen keine regelnde Instanz auf die Finger schaut. Hat Hobbes also schon deshalb unrecht, weil Menschen gar nicht teilen müssen, sondern wollen, und sei es nur zum Schrottwichteln? Würde das Ayn Rands Ratschläge nicht überflüssig machen? Wenn ja, warum verkaufen die sich dann so gut? Und überhaupt, wenn Teilen so toll ist, warum gibt es dann Jeff Bezos?

Was sagt eigentlich die aktuelle Forschung zu alldem?

Obwohl sich seit Menschengedenken Politiker, Philosophen, Revolutionäre, Historiker und Ökonomen um Verteilungsfragen streiten (und Biologen sich immerhin bei der Zellteilung einschalten) und obwohl entlang ihrer Thesen ganze Weltreiche entstanden und zerbrochen sind, hat es ganz schön lange gedauert, bis wir das Teilverhalten der Spezies Mensch mal systematisch unter die Lupe genommen haben – nachvollziehbar und manipulierbar in einem Experiment. Im Jahre 1982 nach Beginn unserer Zeitrechnung lud die Forschung einen Menschen auf ihr neutrales Laborgelände ein, versprach ihm einen Geldbetrag von, sagen wir, 10 Euro, und stellte ihm eine einfache Frage: *Möchtest du etwas von diesem Geld an eine anonyme Person abgeben?*

Man kann sich diesen Moment durchaus mit einem dramatischen Trommelwirbel und einer bedeutungsschwangeren Pause vorstellen.

»Ja gern«, sagte der Mensch. Und die Forschung fiel aus allen Wolken.

Na ja, genau genommen war das erste Spiel, das Psychologe Daniel Kahnemann seinen Versuchspersonen 1982 vorgelegt hat, etwas komplizierter. Aber die eben genannte Version ist der Kern des Ganzen – die einfachste und populärste Spielart: Man gebe einen Geldbetrag und schaue dann, wie viel ein Mensch davon an einen anderen abgibt. Weil der andere dabei keine Wahl hat, nennt man das Spiel auch »Diktator-Spiel«.

Das Diktator-Spiel bildet das Grundgerüst, auf dem fast alle spieltheoretischen Variationen aufbauen, und außerdem das Eröffnungskapitel für einen ganzen Stapel Bücher über Großzügigkeit. Es setzt den Rahmen, in dem wir über das Teilen nachdenken. Die Art, wie die Forschung das Teilverhalten der Ik angeschaut hat oder das der chinesischen Kinder. Wie viel möchtest du abgeben – von deinen Stickern, deiner Tafel Schokolade, deinem Bankkonto oder diesen 10 Euro?

Das mag simplifizierend klingen, aber offensichtlich haben wir genau so ein vereinfachtes Grundgerüst gebraucht, denn selbst dafür lagen unsere Prognosen ziemlich weit daneben. Die Erwartung im Vorfeld war klar: Die Leute werden *nichts* abgeben, denn warum sollten sie? Eine Annahme, die sich in den letzten vierzig Jahren immer wieder als falsch herausgestellt hat. Die überwiegende Mehrheit gibt im Diktator-Spiel nämlich sehr wohl etwas ab. Nicht unbedingt einen fairen Anteil im Sinne von 50/50, aber immerhin durchschnittlich etwa 3 von 10 Euro. Und die Tendenz geht in Richtung Fairness: Es gibt mehr Menschen, die 6 Euro geben, als solche, die gar nichts teilen.

Kein Wunder, dass es uns schwerfällt, das Verhalten von drei Teenagern auf einer einsamen Insel zu erahnen, wenn wir nicht mal das von zwei Probanden im Lehrsaal B2.02 des Fachbereichs Psychologie vorhersagen können.

Unser Denkfehler geht höchstwahrscheinlich auf eine völlig falsche Grundannahme zurück: »Der Mensch ist rational.« So gesehen sollte er vor allem das tun, was ihm selbst am meisten Gewinn bringt. Seinen Nutzen maximieren. Was er nicht tun sollte, ist Fremden willkürlich Geld überweisen. Immerhin kann er sich von so einer anonymen Gabe weder einen Imagegewinn noch eine Gegenleistung erhoffen, ja nicht mal ein Bier. Stattdessen sollte er laut Prognosen die ganzen 10 Euro einstreichen und vielleicht in eine kleinere Immobilie investieren.

Warum tut er das nicht?

Nun kann man den Menschen nicht in den Kopf schauen. Jedenfalls nicht 1982 und auch heute bloß mehr schlecht als recht. Darum konnten wir kaum herausfinden, was sie im Diktator-Spiel bewegte – außer dass es ganz bestimmt und mit absoluter Sicherheit etwas Irrationales sein musste. Vielleicht eine Übersprunghandlung oder Aktionismus? Mögen sie Kleingeld einfach lieber als einen Schein? Oder haben sie ein Faible für Primzahlen? Theoretisch ist alles möglich und sogar alles gleichzeitig. Doch weil es hier nun mal um zwei Personen ging, lag eine andere Vermutung näher: Altruismus. Vielleicht denken Menschen wenigstens ein Stück weit auch an das Wohlergehen der anderen. Sind wir am Ende doch kein hoffnungsloser Fall?

Inzwischen hatte dann auch die Hirnforschung einige Fortschritte in der In-den-Kopf-guck-Technologie gemacht und ihrerseits angefangen, die soziale Ader des Menschen aufzudecken. Mithilfe von fMRI-Scannern, die Gehirnaktivierung in verschiedenen Arealen sichtbar machen (genauer gesagt, den dortigen Sauerstoffverbrauch), ergründete sie, was bei Menschen im Kopf vorgeht, wenn sie Geld abgeben oder spenden – und fand durchgängig ... *Freude*.[11] Also Gehirnaktivität dort, wo wir Belohnungen verarbeiten. Je mehr dieses belohnende Gefühl von Großzügigkeit das belohnende Gefühl von geschenkten 10 Euro überwiegt, desto freigiebiger sind wir.

Als potenziellen Grund für diese Gebe-Freude entdeckte die Hirnforschung dann noch etwas: das Grundkonzept von Empathie. Wir freuen uns mit anderen, spüren auch ihre Trauer, und unsere Zehennägel rollen sich auf, wenn sie uns erzählen, wie sie sich mit dem Klappmesser einmal fast den Daumen abgesäbelt haben.

Unsere Verbundenheit mit anderen ist seit Millionen Jahren ein funktionierendes System, und sie hält die meisten von uns ziemlich erfolgreich davon ab, anderen grundlos zu schaden. Aber kann sie uns auch dazu bringen, auf eine Belohnung zu verzichten? Um das herauszufinden, macht man am besten das einzig Logische: Man setzt zwei Menschen in unterschiedliche Räume und verkabelt sie mit einer Maschine für leicht schmerzhafte Elektroschocks.[12] Dann macht man einem davon eine Reihe verführerischer bis moralisch zweifelhafter Angebote: Würden Sie für 15 Pfund 12 Stromschläge akzeptieren? Oder wie wäre es mit 10 Pfund, und wir versetzen nur dem anderen Stromschläge? Was würden Sie antworten?

Letztendlich sind Menschen bereit, auf durchschnittlich 20 Pence zu verzichten, wenn sie sich dafür einen Stromschlag weniger antun müssen. Aber: Für eine andere Person verzichten sie auf 40 Pence. Es ist uns unangenehmer, jemand anderem für unseren Gewinn einen Stromschlag zu versetzen als uns selbst. Zugegeben, nicht unangenehm genug, um es zu lassen, aber immerhin. Im Gegensatz zum *Homo oeconomicus* beziehen wir das Wohlbefinden unseres Gegenübers offenkundig in unsere finanzielle Entscheidung mit ein. Und wahrscheinlich wollen wir sie auch im Diktator-Spiel nicht völlig enttäuschen. Das täte uns in der Seele weh. Warum wir teilen? Egoismus ist emotional anstrengend. Manchmal ist es leichter, 1,50 Euro für einen traurigen Mundharmonikaspieler auszugeben, als uns den Rest der U-Bahn-Fahrt schlecht zu fühlen.

Mit dem Mitgefühl hätten wir schon mal *eine* intrinsische Motivation, um zu teilen. Aber auch eine wackelige, denn Mitgefühl ist kontextabhängig, beeinflusst von Gruppenzugehörigkeit und Nähe, davon, wie sich andere benehmen und was wir davon halten. Zum Glück hat die Hirnforschung dann noch einige andere Gründe für unsere Großzügigkeit aufgetan, die allerdings weniger mit den Gefühlen des Straßenmusikers zu tun haben.

Da wären zum Beispiel die anderen Menschen in der U-Bahn: Auch über deren Gedanken können wir ja sinnieren – besonders über deren Gedanken über *uns*: Was denken die von uns, wenn wir jetzt einfach gar nichts abgeben? Dann können wir dazu die passenden Scham- und Schuldgefühle entwickeln, und die wiederum machen sich in unserem Gehirn sehr ähnlich bemerkbar wie beim empathischen Schmerz die aufgerollten Zehennägel. Um das zu vermeiden, geben wir im Experiment noch bereitwilliger Geld ab, wenn wir beobachtet werden. Oder uns beobachtet *fühlen*. Oder einfach, wenn man auf das Trinkgeldglas Wackelaugen klebt.

Aber natürlich wär's ein bisschen schäbig, wenn wir nur teilten, um »vor anderen gut auszusehen«. Wahre Kenner teilen, um vor sich selbst gut auszusehen! Denn auch wir bilden uns selbst ein Urteil über uns, und es gehört zu unseren absoluten Grundbedürfnissen, dass dieses Urteil positiv ausfällt. Auch ein guter Grund, im Diktator-Spiel nicht *nichts* zu geben. *So* geizig zu sein und sich dabei nicht schäbig vorzukommen bedarf schon einer gehörigen moralischen Verrenkung!

Dass Leute aus Egogründen spenden, mag uns ernüchtern, aber im Grunde genommen ist unser Ego ein zuverlässiger Antrieb, schließlich haben wir es immer dabei und nehmen es viel zu wichtig, um es uns von ein paar läppischen Euro kaputt machen zu lassen!

Wir teilen also mindestens aus Stolz, Mitgefühl und Altruismus. Auf jeden Fall aus eigenem Antrieb. Das spricht doch alles eher dafür, dass wir eigentlich freiwillig teilen und nur von außen davon abgehalten werden. Bemerkenswerterweise wird Großzügigkeit aber auch gerne als Argument dafür gebracht, dass es sich nun erst recht lohnt, auf den Smith'schen freien Markt zu setzen: Dort, müssen Menschen zwar nicht prosozial sein, um Gutes zu schaffen, aber wenn sie es doch sind: umso besser. Dann brauchen wir noch weniger zu regulieren, denn die natürliche Güte der Menschen fängt ja alles auf, was der Markt *möglicherweise* mal nicht regelt. Wer braucht Fairness-Gesetze, wenn es auch über eigenverantwortliche Selbstverpflichtung geht? Und warum sollen wir die

Reichen besteuern, wenn sie längst einen viel größeren Teil ihres Vermögens Bill Gates versprochen haben? Am Ende haben wir gar keinen Bill Gates mehr, und wer soll dann Malaria besiegen?

Vielleicht schadet es der intrinsischen Motivation sogar, wenn wir Leute zur Fairness verpflichten und unter Druck setzen. Auf jeden Fall zeigt sich unser Gehirn nicht halb so begeistert, wenn wir zum Spenden gezwungen werden, und niemandem wird warm ums Herz bei einer Steuererklärung. Auch wenn wir nur spenden, weil uns zwei Leute subtil dabei zuschauen, behalten wir, was wir können, sobald sie wegschauen. Und auf einmal bereitet uns *das* weit mehr diebische Freude.

Dann also lieber gleich auf Eigenmotivation setzen statt auf Regeln und Gängelei. Lasst uns einfach mit den Armen teilen, weil es das Richtige ist und uns glücklich macht. Was der Markt nicht regelt, regelt unser Gehirn. Was meinen Sie?

Wenn Ihnen das suspekt vorkommt, dann teilen Sie diese Skepsis mit diversen Forschungsteams, die beschlossen haben, zur Sicherheit noch mal gehörig an der menschlichen Großzügigkeit zu rütteln. Wie sich herausstellt, ist das gar nicht so schwer. Man muss nur an einer der vielen Stellschrauben drehen, die uns zum Teilen bringen.[13] Und genau dafür gibt es eine ganze Menge Varianten des Diktator-Spiels. Lasset die Spiele beginnen!

Da wäre zum Beispiel die Stellschraube Mitgefühl. Wie wäre es, wenn wir das Diktator-Spiel so spielen, dass sich die andere Person danach nicht enttäuscht *fühlt*? Zum Beispiel, weil sie glaubt, dass ein Computer entscheidet, wie viel Geld sie abbekommt. Theoretisch sollte das weder an den Prinzipien der Fairness noch am Verhalten des Diktators etwas ändern. Praktisch teilt er aber deutlich weniger.

Alternativ können wir Versuchspersonen auch wählen lassen, ob sie überhaupt ins Diktator-Spiel eintreten möchten. *»Hier sind 10 Euro. Möchtest du damit nach Hause gehen oder ein Spiel spielen, bei dem du etwas abgeben kannst?«* Was würden Sie tun? Ein Teil steigt aus, und wer mitmacht, gibt weniger, nach dem Motto »Dabei sein ist großzügig!«. Dass unser Gegenüber, wie hier, nichts von unserer Entscheidung weiß, ist im echten Leben natürlich der Normalzustand: Weder Greenpeace noch Koalas kriegen es mit, wenn Sie sich gegen eine Spende entscheiden.

Auch an der Stellschraube Selbstwirksamkeit lässt sich leicht drehen, indem man uns *selbst* zweifeln lässt, ob unsere Entscheidung zählt oder am Ende doch die eines Computers. Schon wieder geben wir weniger.

Alternativ kann man uns auch von unserer Eigen-*verantwortung* befreien – oder sie zumindest halbieren. Wie? Indem man zwei unabhängige Diktatoren wählen lässt, wie sie das Geld mit einer dritten Person teilen wollen: fair oder unfair zu ihren Gunsten. Nur wenn *beide* Diktatoren Unfairness bevorzugen, geht Nummer drei leer aus. Das heißt, sie können streng genommen keine unfaire Entscheidung treffen. Sie stellen nur die Möglichkeit in den Raum – und das wird man ja wohl dürfen! Geteilte Schuld ist halbe Schuld. Dass so eine »Diffusion von Verantwortung« sehr gut funktioniert, um das menschliche Gewissen zu beruhigen, haben sich früher schon ganz andere zunutze gemacht: Erschießungskommandos bestanden aus mehreren Personen, sodass sich am Ende jeder einbilden konnte, es wäre nie auf ihn angekommen – zumal oft auch eine Platzpatrone dabei war.

Auch die nächste Möglichkeit, an der Stellschraube Gewissen zu drehen, hat ihre Entsprechung in der wirklichen Welt: Ein echter Diktator kann seinen Untergebenen schließlich auch jederzeit etwas *wegnehmen.* Wenn wir den Diktator mit viel und die andere Versuchsperson mit wenig Geld ausstatten und wenn wir dann Ersterem erlauben, etwas abzugeben oder dem anderen auch noch das letzte bisschen wegzunehmen, ist er mit einem Schlag weitaus weniger großzügig. Nach dem Motto: Der andere soll lieber froh sein, wenn wir ihn nicht ausbeuten!

Die beiden letzten Varianten machen sich die natürliche Tendenz unseres Gehirns zunutze, Moralurteile im Zweifel zu unseren Gunsten zu treffen. Ein positives

Selbstbild gehört schließlich zu unseren Grundbedürfnissen – und was dazu nicht passt, wird eben passend gemacht. Wir können Missgeschicke erklären, Errungenschaften *ver*klären und Schuld geschickt anderen zuschieben. Wahlweise auch »den Umständen« oder, wenn gar nichts hilft, »temporären Aussetzern«. Im Endeffekt sind die Antworten auf die Fragen »Sind Sie ein Mensch, der viel abgibt?« und »Möchten Sie jetzt konkret etwas abgeben?« nur sehr lose miteinander korreliert.[14] Im Klartext: Unser Selbstbild hat wenig mit unserem Verhalten zu tun.

Die ganzen Spitzfindigkeiten im Diktator-Spiel fallen unter den Überbegriff »moralischer Wackelraum«. So wie wir eine verzogene Schublade durch Wackeln und Ruckeln zurück in den Schrank befördern, nutzen wir beim moralischen Wackelraum jedes Stückchen Interpretationsspielraum, um unsere egoistische Entscheidung mit ein bisschen Ruckeln doch noch in unser großzügiges Selbstbild zu integrieren. Wenn man sich anschaut, wie moralisch flexibel wir handeln, wäre »moralisches Brachland« womöglich der passendere Begriff.

Überhaupt braucht es keine Fallstricke und doppelten Böden, um unsere Großzügigkeit überzustrapazieren. Es reicht schon, wenn man das klassische Diktator-Spiel ein paarmal wiederholt. Mit der Zeit werden wir geiziger, ob uns nun eine Wissenschaftlerin zum siebten Mal anspricht oder ein Straßenmusiker. Wir sind schließlich nicht Krösus. Und selbst wenn wir es wären, würden wir wohl ebenfalls nicht großzügiger – Versuchspersonen geben umso weniger Geld ab, je mehr man ihnen zur Verfügung stellt.[15] Da muss Mark Zuckerberg ja gar nicht erst anfangen.

Kurzum, wären wir bei der Lösung unseres Verteilungsproblems auf Großzügigkeit allein angewiesen, wäre es ein furchtbar wackeliges Konzept – anfällig für Übermüdung und die einfachsten Ausreden. Immerhin benehmen wir uns gegenüber Bedürftigen etwas zuverlässiger. Wenn man uns fragt, ob wir einer *Hilfsorganisation* lieber Geld spenden oder ihr einen Teil ihrer Spenden wegnehmen würden, dann kommen wir nicht auf dumme Gedanken, sondern spenden genauso viel wie vorher auch.[16] Trotzdem reagiert auch unsere Spendenbereitschaft auf die gleichen Stellschrauben. Sie sinkt, wenn eine Krise lang anhaltend ist oder wenn sie so unübersichtlich ist, dass wir nicht wissen, was unsere Spende bewirkt. Und wenn wir die Verantwortung auf »eine europäische Lösung« abwälzen können, geht bald gar nichts mehr.

Wirklich auf Spendenbereitschaft verlassen können wir uns bei klar umrissenen, einmaligen Katastrophen: Tsunamis. Da brechen wir Spendenrekorde. Allerdings würde unser spontaner Elan in solchen Situationen kaum ausreichen, um die Ressourcen der Welt gerecht zu verteilen. Großzügigkeit ist nichts, worauf man eine Gesellschaftsordnung aufbauen kann. Zum Glück haben wir das auch nicht getan.

Dafür, dass wir so viel von unseren Gedanken über das Teilen auf dem Diktator-Spiel aufbauen, fällt es ganz schön schwer, alltägliche Situationen zu finden, die annähernd damit vergleichbar sind. Im wirklichen Leben geben wir unser Geld selten an anonyme Fremde, sondern eher an alte Bekannte: Ein Teil fließt aufs Gemeinschaftskonto mit den Geliebten, ein anderer geht drauf für die Butterbrote der Kinder, Leckerlis für den Hund oder die Flasche Wein, die wir auf eine Einweihungsparty von Freunden mitbringen. Selbst dem Straßenmusiker, dem wir unsere 1,50 Euro anvertrauen, begegnen wir spätestens wieder, wenn wir das nächste Mal mit der U8 fahren.

Auch die Art, wie Sie im Diktator-Spiel Ihr Geld erhalten, ist nur sehr schwer auf das Leben übertragbar. Wie sollte das aussehen, wenn Unbekannte Ihnen einfach so 10 Euro in die Hand drücken? Würden die Sie auf der Straße anhalten und das Geld geheimnisvoll aus einem Trenchcoat holen? Oder würden Sie es einfach auf der Straße *finden*? Und wie wahrscheinlich wäre es in beiden Situationen, dass Ihnen als Allererstes der Gedanke durch den Kopf schießt »Huch! ... Ich sollte auf jeden Fall der Frau da vorne an der Bushaltestelle etwas davon abgeben!«? Solange nur ein Bruchteil des Geldes auf unserem Planeten unter ähnlichen Bedingungen verteilt wird wie im Diktator-Spiel, ist es unwahrscheinlich, dass wir unser globales Verteilungsproblem auf der Grundlage unserer Interaktion mit einem Straßenmusiker lösen.

Im Großen und Ganzen existieren finanzielle Transaktionen eben nicht im luftleeren Raum. Das, was sich in Ihrem Portemonnaie befindet, haben Sie sich verdient oder als Unterstützung bekommen oder beides, unter Beteiligung von Kunden, Chefinnen und Kollegen, mit freundlicher Unterstützung von Kindergärtnerinnen, Reinigungspersonal oder allen anderen, die Ihnen bei der Arbeit den Rücken freihalten. Und die Personen, denen Sie Ihr Geld in die Hand drücken, werden es wahrscheinlich nicht für sich behalten, sondern ihrerseits an irgendjemanden weitergeben, an Vermieter, Apothekerinnen, Späti-Besitzer ... oder ebenfalls an einen Straßenmusiker. Nicht umsonst spricht man vom Geld*kreislauf*.

Genauso, wie es schwerfällt, Löhne, Angebote oder Preise komplett aus diesem Zusammenhang zu reißen, ist es auch schwierig, das Teilen so losgelöst zu verstehen.

Alternativ können wir uns das ganze Geschehen aus der Vogelperspektive der Mikro- und Makroökonomie betrachten. Nur bringt uns das hier nicht viel weiter, denn solange sich beide auf den *Homo oeconomicus* stützen, müssen wir bei dem, was sie uns über Menschen und Teilen erzählen, immer ein dickes Fragezeichen an den Rand malen. Außerdem lässt sich eine Lösung nur schwer da suchen, wo kein Problembewusstsein herrscht, wie der Ökonom Joseph Stieglitz mal angemerkt hat: Bei allen Krisen, die uns gerade heimsuchen – Klima, Ungleichheit und Angriffen auf die Demokratie –, würde uns doch keines der gängigen ökonomischen Modelle überhaupt ein Problem anzeigen.

Vielleicht müssen wir doch erst mal auf der Mikroebene bleiben – wenn auch nicht unbedingt beim Diktator-Spiel. Zum Glück gibt es jede Menge andere ökonomische Paradigmen, die Verteilung darstellen: als Geben und Nehmen, als Gemeinschaftstopf oder als Gruppenarbeit. Gemeinsam ist ihnen vor allem, dass die Menschen sich dort nie verhalten, wie der *Homo oeconomicus* das sagt. Bevor wir also weiter abstrahieren, sollten wir vielleicht noch mal an die Substanz gehen.

Letztlich ist unser Zusammenleben nicht um den *Homo oeconomicus* gewachsen, sondern um den *Homo sapiens*. Und wenn unser Verhalten allzu verworren wird, lohnt es sich manchmal, an diesen Anfang zurückzugehen. Vor die ganze komplexe Zivilisation, von der wir immer noch nicht wissen, ob sie uns das Teilen leichter oder schwerer macht. Irgendwo auf diesem Weg müsste der Ursprung des Teilens liegen und damit die Antwort auf die Frage, wer oder was uns dazu gebracht hat. Oder vielleicht passiert ja was ganz Verrücktes, und der Mensch entpuppt sich doch noch irgendwie als rational. Also, wo beginnt das Teilen? Wo hört es auf? Und worauf lässt es sich am besten herunterbrechen, wenn wir nicht den ganzen Tag Zeit haben?

Die Entwicklung zum Menschen nimmt vor etwa sechs bis acht Millionen Jahren Form an. Lange bevor wir anfingen, mit Werkzeug und Jagdspeeren zu hantieren, und vor allem lange bevor irgendjemand ahnen konnte, dass wir es mal zu was bringen. In einer Zeit, als es auf dem Planeten in chaotischem Wechsel mal zu trocken, mal zu nass war.

Damals schickte die Evolution ein neues Modell ins Rennen: Hominide, die die putzige Angewohnheit hatten, auf zwei Beinen durch die Gegend zu laufen, und sich ansonsten vor allem dadurch hervortaten, dass sie im evolutionären Wettbewerb nicht allzu viel zu bieten hatten: weder Klauen noch Flossen noch einen Paarungstanz, der wirklich was hermacht. Und wenn wir auch nicht wissen, ob es an Letzterem gelegen hat, müssen wir feststellen, dass die meisten Hominiden irgendwann ausstarben. Nicht jedoch unsere Vorfahren (»*Homo*«), ausgerechnet jenes Grüppchen, das in seiner Evolution alles auf eine aberwitzige Karte gesetzt hatte: ein völlig überdimensioniertes Gehirn. Für dessen enormen Energiebedarf hatten sie fast alles verwettet, was sie an körperlichen Fähigkeiten noch übrig hatten, große Teile ihrer Muskelmasse und möglicherweise noch ein Stück Darm. So taumelten sie mit ihrem Angeberhirn über den Planeten und schrammten mehr als einmal kurz am Aussterben vorbei.

Im Nachhinein wissen wir natürlich, dass das Ganze für unsere Vorfahren gut ausgeht, und auch das Gehirn kommt uns – bei den meisten Menschen – wie eine sinnvolle Investition vor. Schließlich konnten wir dank ihm so tolle Dinge erfinden wie Gasheizungen, Grundlagenforschung und Gummitiere in der Form schwimmender Einhörner. Allerdings hat die Menschheit den Großteil ihrer Existenz ohne Dampfmaschinen und Grundlagenforschung verbracht, und mit einer empörend geringen Anzahl Gummitieren. Und die Evolution selektiert nun mal nicht nach Zukunftspotenzial, nach dem Motto: Okay, im Moment sind sie echt nutzlos, aber irgendwann erfinden sie Free Jazz. Tatsächlich haben sich einige unserer evolutionären Verwandten an einem großen Gehirn versucht, und die meisten sind damit krachend gescheitert. Der *Homo naledi* zum Beispiel war sehr grazil, wog 45 Kilogramm und hatte immerhin schon mal ein Gehirn von der Größe einer Orange. Heute könnte er auf Instagram sehr erfolgreich sein. Aber damals hat es ihm nichts gebracht.

Fragt sich nur, was *unsere* Vorfahren mit dem Gehirn damals so Sinngebendes angestellt haben. In Ausgrabungen lässt sich jedenfalls nicht viel mehr entdecken, als dass sie allesamt ziemlich lange nackt im Gras herumhockten. Über Jahrmillionen keine Kathedralen und keine Akkuschrauber, nichts, was das Schaffen unserer Vorfahren sonderlich von dem aller anderen Tiere um sie herum abheben würde. Irgendwann während der letzten drei Millionen Jahre beginnen sie dann doch mal ein paar Steinkeile zurechtzuhauen, von denen wir uns relativ sicher sind, dass sie andere Primaten in der Form nicht hinbekämen. Darauf ruhen sie sich dann aber auch ziemlich intensiv aus. Selbst nachdem sie vor 250 000 Jahren ihre jetzige Gehirngröße ausgebildet hatten, fiel ihnen fast 200 000 Jahre kein offensichtlicher Verwendungszweck dafür ein, bis sie in den letzten 60 000 Jährchen plötzlich hektisch eine ganze Zivilisation zusammenschustern, als wäre ihnen gerade erst eingefallen, dass irgendwer noch ein Weihnachtsgeschenk braucht.

Kurzum, unser Gehirnwachstum muss durch etwas anderes gerechtfertigt werden als Werkzeuge, Speere und andere elaboriertere Dinge, die man nach anderen Leuten wirft. Aber was kann das gewesen sein?

Das Problem mit evolutionären Erklärungen ist, dass man sich zwar jede Menge Dinge ausdenken, die meisten davon aber nur sehr schwer überprüfen kann. Darum berufen sich gerade die Menschen so gern auf Evolution und Steinzeit, die eigentlich nur in die Fünfziger zurückmöchten. In der Forschung halten wir uns dagegen lieber an die Vorstellung, dass die individuelle Entwicklung eines Wesens Rückschlüsse auf die Entwicklung seiner Art zulässt. Anthropologen wie Michael Tomasello untersuchen also Kleinkinder und hoffen, dass die unseren Vorfahren näher sind als der handelsübliche Steuerberater.

Tests zu finden, in denen sich junge Menschen von jungen Menschenaffen unterscheiden, ist allerdings gar nicht so einfach, und wenn, dann liegen Menschen nie automatisch vorne. Schimpansen haben zum Beispiel ein exzellentes, fast fotografisches Gedächtnis und merken sich Zahlenreihen genauso schnell wie Bäume in der Umgebung – einschließlich deren Fruchtstand der letzten Saison.[17] Und im Gegensatz zu Kleinkindern planen sie selbstständig ihr Frühstück.[18]

Es geht bei den Tests aber nicht darum, herauszufinden, wer grundsätzlich schlauer ist (nach welchem Maßstab denn auch?), sondern *wer was* besser kann. Spezifische Arten von Intelligenz entwickeln sich zur Lösung spezifischer Herausforderungen. Zum Beispiel mussten Hunde als Haustiere jede Menge soziale Fähigkeiten lernen, sind aber immer noch erstaunlich schlecht in Trigonometrie. Welche Herausforderung können also

Kleinkinder besser lösen als Schimpansen, Orang-Utans, Bonobos und Gorillas?

Das hat man mittlerweile mit einer ganzen Batterie von Tests ausprobiert.[19] Manche drehen sich um Quantitäten (*Sind zwei Kekse genauso viel wie ein zweigeteilter?*), andere um räumliches Verständnis (*Wie komm ich an die Kekse, wenn man die Packung auf den Kopf stellt?*). Wieder andere um Kausalität und Werkzeuggebrauch (*Mit welchem stumpfen Gegenstand krieg ich ein Loch in diese Packung?*) oder um Sprache *(Hunger!)*, soziales Verständnis (*Hat er da gerade eine zweite Packung versteckt?*) und nicht zuletzt Objektpermanenz (*Wenn ein Keks aus der Packung verschwindet und es niemand sieht, hat ihn dann jemand gegessen?*). Wer, glauben Sie, gewinnt – und warum?

Das Ergebnis: nicht unbedingt wir. Jedenfalls nicht in den Bereichen, die wir im Allgemeinen mit unserer Intelligenz assoziieren: Werkzeugmanipulation, Zahlenverständnis oder Kausalitätszusammenhänge. Tatsächlich unterscheiden sich unsere nächsten Verwandten in diesen Bereichen gar nicht allzu sehr von einem kleinen Marcel. Wenn es darum geht, mit einem Stock eine Belohnung zu angeln, sind Orang-Utans eindeutig die geschicktesten Familienmitglieder.[20] Auch auf kindliche Objektpermanenz können wir uns vergleichsweise wenig einbilden und noch weniger auf Fokus, Motivation und

Frustrationstoleranz.[21] Bricht der Klötzchenturm zu oft zusammen, hört Marcel also auf, damit zu spielen, und wenn dann noch ein Klötzchen hinters Sofa rollt, ist er sicher, dass es nicht mehr existiert.

Dennoch gibt es eine Sache, die das Kleinkind Marcel besser kann. Und das ist alles, wofür es *mehr als eine Person* braucht. Er versteht die Signale, die Erwachsene ihm mit Worten und Gesten geben, kann selbst welche zurückschicken, ahmt ihre Problemlösungsstrategien nach, folgt ihren Blicken und versteht das Ziel ihrer Handlungen, selbst wenn sie sich dabei absichtlich blöd anstellen.

Marcel ist sozial intelligent, lange bevor er klug ist. Auf diese eine Fähigkeit kann er dann bauen, um seine anderen zu verbessern: Wenn wir ihn in einem Jahr wieder besuchen, dann hat der Junge so viel gelernt, dass er auch in den räumlich-werkzeugtechnischen Aufgaben besser abschneidet als die Primatenverwandtschaft, deren Performance eher stabil bleibt. Wenn er vier ist, wird er noch besser sein (auch wenn er sich in Motivation und Aufmerksamkeit nie so ganz abhebt).

Der frühe Mensch konnte also nicht besonders gut mit dem Werkzeugkasten umgehen, aber mit seinem Nachbarn, und wenn er Glück hatte, wechselte *der* ihm die Glühbirne. Es war kein Ergebnis ausgeklügelter Logik, dass wir beschlossen haben: »Lasst uns zusammenleben, dann können wir Jagdgemeinschaften bilden und auf längere Sicht Schrebergartenvereine!« Wir haben uns erst zusammengetan, was aber bald so kompliziert wurde, dass wir bald mehr Hirn brauchten. Passenderweise korreliert die Gruppengröße auf unserem evolutionären Ast mit der Hirnmasse. Der Zusammenhang zeigt sich am stärksten, wenn man sich auf den Neocortex konzentriert, also die äußere Schicht mit den Hirnwindungen. Beim Menschen ist sie im präfrontalen Bereich besonders ausgeprägt. Hinter der Stirn, dort, wo die komplexen Gedanken entstehen, Mathe und all unsere mittelguten Ideen (falls es auch einen Ort gibt, wo nur gute Ideen entstehen, haben wir ihn noch nicht gefunden). Es ist auch ein Ort, wo wir uns ausmalen, was andere denken und glauben, was sie über uns wissen und von uns wollen. All die Raketenwissenschaft, die wir brauchen, um es durch Elternabende zu schaffen.

Aber ist dafür wirklich so viel Hirnschmalz nötig? Besonders, wenn wir auf allen anderen Gebieten doch anscheinend eh nicht die hellsten sind? Die kurze Antwort lautet: ja. Selbst traditionelles Zusammenleben verlangt schon das Auswendiglernen ziemlich vieler Geburtstage. Genauer gesagt, von ungefähr 150. Das ist die mutmaßliche Gruppengröße, in der sich unser Gehirn entwickelt hat. Wir finden diese Größe auch heute noch im Aufbau von Kirchengemeinden, Firmenbelegschaften und militärischen Einheiten wieder, ebenso in der Anzahl von

Handykontakten und Facebook-Freunden. Wobei wir uns selbst dort beim besten Willen nicht an jeden Einzelnen erinnern können und manche immer noch mit »Haha, du wieder!« anreden. Das heißt, selbst in dieser recht überschaubaren Gruppe haben wir alle Hände voll zu tun, uns zu arrangieren, zu organisieren und dabei unsere Gefühle so weit in Schach zu halten, dass wir niemandem einen Ast an den Kopf werfen. Sie wissen schon: ganz normale Büro-Skills.

Das klingt zugegebenermaßen alles ziemlich anstrengend. Aber genau wie bei unserem Gehirn wissen wir immerhin: Für irgendwas muss es schon gut gewesen sein. Warum also haben wir uns mit anderen zusammengeschlossen?

Der erste Grund für unsere speziesübergreifende WG-Erfahrung liegt wahrscheinlich in unserer anatomischen Entwicklung. Zu den Risiken und Nebenwirkungen der Zweibeinigkeit gehört nun mal ein Becken, das zum Kinderkriegen eher suboptimal ist, und schwierigen Geburten begegnet man besser nicht alleine. Auch danach ist es schön und hilfreich, von Menschen umgeben zu sein, die einem das Nervenbündel hin und wieder mal abnehmen. Allein schon, weil unsere Spezies noch eine andere Besonderheit mitbringt: komplett hilflosen Nachwuchs. Antilopen werden quasi direkt in ihre Tierfilm-Hauptrolle hineingeboren – sobald sie auf eigenen Beinen stehen, nehmen sie selbige in die Hand, um vor einem Löwen wegzurennen. Dagegen können Schimpansenkinder sich nach der Geburt gerade so an ihrer Mutter festklammern, während *die* vor dem Löwen wegrennt. Menschenkinder können da nicht mal ihren Kopf halten.

Schuld an diesem »Rückschritt« an frühkindlicher Kompetenz bei den Primaten ist mal wieder das Gehirn. Je anspruchsvoller es ist, desto eher ächzt in der Schwangerschaft der Kreislauf unter der Versorgung von zwei Energiefressern. Mit der Zeit knickt er unter dem Gewicht ein, und wir müssen das Kind auf dem wenig fortgeschrittenen Entwicklungsstand in die Welt entlassen (»Mir egal, ich lass das jetzt so.«). Der Vorteil daran ist, dass das Babygehirn sich nach der Geburt flexibel weiterentwickelt. Der Nachteil ist, dass wir jetzt ein kleines schreiendes Bündel zu versorgen haben, das ganz andere Bedürfnisse hat als wir und leider kein Kotelett essen möchte. Die Versorgung dieses kleinen Aliens erfordert vielleicht noch mehr soziale Intelligenz als die aller 150 Mitbewohner zusammen. Man könnte also sagen: Wir brauchen ein größeres Gehirn, um Nachwuchs mit großem Gehirn zu versorgen. Ein Henne-Ei-Problem – oder auch ein sich selbst verstärkendes System.

Die Anforderungen an die elterliche Fürsorge sind so hoch, dass sie eine einzelne Person schnell an ihre Grenzen bringen. Genau genommen sind selbst zwei Personen noch ziemlich grenzwertig. Im Idealfall steht ein ganzes Heer hilfreicher Mitmenschen bereit. Oder besser, ein Wimmelbild aus Müttern, Vätern, Großeltern und Nachbarn.

Menschen sind kooperative Brüter. Das wird in unserer ganzen Kernfamilien-Romantik zwar nie so deutlich, aber als zumindest teilmonogame Spezies (wir versuchen es in regelmäßigen Abständen) gehören wir zu einer 5-Prozent-Minderheit der Säugetiere, die sich allesamt durch gemeinschaftliche Kinderversorgung und aktive Väter auszeichnen.[22] Warum auch sonst hätten wir uns jemals als Paare zusammenschließen sollen? Spezies mit distanzierten Vätern kommen jedenfalls gar nicht auf die Idee. Passenderweise stellt sich das väterliche Hirn und Hormonsystem im Kindkontakt fast automatisch auf die neue Rolle ein – und im Gegenzug scheint auch Jagd keine reine Männersache gewesen zu sein. Das zeigen uns jedenfalls die Grabbeigaben der 30–50 Prozent Jäge-*rinnen* von vor 9000 Jahren.[23] Am Anfang stand also Arbeitsteilung – und dazu noch eine ganz schön fließende.

Unsere Gemeinschaft bleibt also auch der Kinder wegen zusammen. Nachdem wir uns Millionen von Jahren so viel Mühe gegeben haben, uns den sozialen Anforderungen dieser Gemeinschaft anzupassen, ist es reichlich merkwürdig, wenn man heute, in Corona-Zeiten, Eltern

Vorhaltungen macht, weil sie nicht auf 24-Stunden-Nachwuchsbetreuung eingestellt sind. *Niemand* ist auf so etwas eingestellt.

Der zweite Grund, uns zusammenzuraufen, liegt wohl weniger in uns selbst als in unserer Umwelt. In einer Umgebung, in der Jagdwild viele Fluchtwege offenstehen, jagen Sie lieber nicht alleine. Ehe man sich versieht, ist die Beute über alle Berge, und Sie müssen sich eine Tiefkühlpizza bestellen. Im Team können Sie Ihr Biofleisch dagegen *umzingeln* und so ihre Jagdchancen erheblich verbessern. So kann eine Umweltveränderung den Evolutionsdruck in Richtung Zusammenarbeit lenken: Zwei Affengruppen der gleichen Art leben in unterschiedlich bewaldeten Gebieten. Dort, wo die Beute schnell von Baum zu Baum springen kann, lernen sie, gemeinsam zu jagen, dort, wo die Bäume weit entfernt stehen, nicht.[24]

Wir wissen nicht mit Sicherheit, ob und wann es eine ähnliche Umweltveränderung in der menschlichen Geschichte gab. Aber wenn Sie einen möglichen Hinweis auf Evolutionsdruck in Richtung Kooperation sehen möchten, dann suchen Sie sich am besten eine Person Ihrer Wahl und schauen ihr tief in die Augen.[25] Als Erstes bemerken Sie dabei wahrscheinlich das, was wir an Augen meistens bemerkenswert finden – die Augenfarbe. Als Zweites vielleicht, dass Menschen merkwürdig reagieren, wenn man ihnen plötzlich tief in die Augen guckt. Noch viel interessanter aber ist etwas Drittes: das Weiß der Lederhaut, die die Iris umgibt. Auf unserem evolutionären Ast haben nur wir Menschen dieses auffällige Augendesign, und wir betrachten das merkwürdigerweise als völlig normal, wie Menschen, die uns Fotos von ihrem Mittagessen zeigen. Dabei gibt es für diese Eigenheit, soweit wir wissen, keine physiologische Begründung und auch keine Empfehlung von neun von zehn Optikern. Vor allem ist das Ganze unpraktisch, weil damit jeder von Weitem sehen kann, wohin wir blicken, ob wir Bananen erspäht haben oder attraktive Singles in unserer Nähe. Wären Sie ein Schimpanse, würde Ihrem Chef nie auffallen, dass Sie unter dem Konferenztisch SMS lesen.

Trotzdem müssen diese Augen Ihren Vorfahren ganz konkrete Vorteile gebracht haben, die diese Nachteile überwiegen. Der naheliegendste ist der, dass man sich damit ohne Worte koordinieren kann. So lässt sich anderen mitteilen, wo die Beute sitzt, ohne dass man sie aufschreckt, oder wer gerade im Meeting schläft, ohne dass die Chefin das merkt (wahlweise unterstützt durch vielsagende Kopfbewegungen). Menschen folgen dem Blick ihres Gegenübers oder fangen ihn auf, um sicherzugehen, dass er sie auf dem Zebrastreifen nicht überfährt. Und wenn sie ihrem Baby ein besonders relevantes Schaf im Mobile zeigen wollen, dann gucken sie zwischen Baby und Schaf so lange hin und her, bis das Baby den Wink versteht und sein Gehirn dieses Schaf nun aufmerksam in all seiner Flauschigkeit verarbeitet.

Warum wir miteinander teilen? Fragen Sie die Evolution. Diejenigen Vorfahren, die ihre Informationen mysteriös hinter dunklen Augen verborgen haben, haben es offenbar nicht geschafft.

Das könnten also die Gründe gewesen sein, warum unsere Vorfahren zusammen besser dran waren als alleine: gemeinsame Jagd und Kinderversorgung. Wie das in der Evolution immer so ist, kommt man über kleine Veränderungen vom Hölzchen aufs Stöckchen. Ein kleines Huftier wagt sich aus dem Unterholz, um die ersten Gräser zu fressen. So auf dem Präsentierteller, muss es schnell weglaufen, braucht lange Beine und einen Rundumblick, und eh man sich versieht, hat man ein Pferd. Anderswo wagt sich ein Huftier stattdessen ins Wasser. Seine Nachfahren werden Wale.

Der Punkt ist: Hat man einen evolutionären Pfad erst mal eingeschlagen, ist man manchmal überrascht, wo er hinführt. Bei unseren zwei Gruppen von Affen in ihren Gebieten mit unterschiedlicher Baumdichte folgt auf die Jagd noch ein kleiner, aber gewaltiger Unterschied: Nur die Gruppe, die gemeinsam jagt, lernt das Teilen. Und damit schließt sich der Bogen zu unserer Ausgangsfrage: Wo haben wir mit dem Teilen begonnen? Hier wahrscheinlich. An der Stelle in unserem evolutionären Le-

benslauf, an der wir zum ersten Mal auf andere angewiesen waren.

Zusammenarbeiten und Teilen gehören untrennbar zusammen. Wie sehr, versteht man, wenn man zwei Schimpansen vor eine Aufgabe stellt, bei der beide am selben
Strang ziehen müssen, und zwar ganz buchstäblich: an
einem Seil, das eine Palette Obst heranzieht.[26] Das Seil ist
nicht festgeknotet, und darum müssen sie von beiden Sei-
ten ziehen – wie bei einer Kapuzenschnur.

Schimpansen sind nicht doof. Ein einzelner Schimpanse versteht, dass er die Aufgabe nicht allein lösen
kann, öffnet seinem Kumpel im Nebenraum schnell die
Tür, und kurz darauf ziehen beide an unterschiedlichen
Enden des Seils. Perfekte Koordination, bis auf den winzig kleinen Haken, dass am Ende der Ranghöhere alles
auffisst. Hierarchie sticht Arbeitsbeteiligung. Für den
Kumpel, der trotz seiner Mithilfe nichts abbekommt, ist
das ein eher unbefriedigender Ausgang: Beim nächsten
Mal zieht er nicht mit, und beide bleiben hungrig. Merke:
Ohne Teilen auf Dauer keine Zusammenarbeit.

Wer dagegen durchs Experimentdesign Zusammenarbeit im Schimpansen-Reich herstellen möchte, muss
das Teilen wahrscheinlicher machen. Zum Beispiel, indem er a) das Essen vorher in zwei entfernte Häufchen
teilt, b) nur Schimpansen mit einer spendablen Reputa-

tion einlädt, die beliebtere Zusammenarbeitspartner sind, oder c) mehr Essen zur Verfügung stellt, als ein einzelnes Tier für sich horten kann, und alternativ d) am besten gleich unsere anderen evolutionären Cousins zum Versuch bittet: Bonobos. Verglichen mit Schimpansen, können die besser teilen *und* besser zusammenarbeiten.

In freier Wildbahn bedeutet das Verteilungsproblem der Schimpansen, dass sie zwar parallel jagen, dabei aber oft auf Teamstrukturen verzichten und stattdessen einfach alle gleichzeitig hinter der Beute herlaufen, wie elf Michael Ballacks hinterm Ball. Wer die Beute zu fassen kriegt, darf sie behalten, auch wenn er sich von den Ranghöchsten missmutig um ein paar Bissen belatschern lässt. Nur dort, wo die Umwelt auf Kooperation drängt, zählt der Arbeitsanteil bei der Aufteilung.[27]

Merke: Erfolgreiche Zusammenarbeit bedeutet, dass Gewinne nicht nach Status aufgeteilt werden, sondern nach Engagement.

Menschen haben bei Zusammenarbeit *und* Teilen den Dreh raus. Wenn Kinder zu zweit an einem Strang ziehen sollen – nämlich um eine Murmel für die wunderbare Labormurmelbahn zu bekommen –, lösen sie die Aufgabe genauso erfolgreich, aber mit einem entscheidenden Unterschied: Sie lassen die Murmel danach abwechselnd kullern. Oder gemeinsam. Wenn ein Kind den Spaß für sich behält, wird das andere ziemlich laut.

Kleine Kinder sind Meister der Arbeitsteilung, und deswegen spielen sie noch zusammen, während zwei Schimpansen längst beleidigt nebeneinandersitzen.

Auch während der Jagd gehen Menschen als Mannschaft vor. Sie bilden Formationen, im Gegensatz zu den Schimpansen, die meistens zu stur sind, um vor dem Tor zu passen. Und weil sie verstehen, dass nach der Jagd genau genommen vor der Jagd ist, geben sie ihre Beute widerstandslos ab. Vor allem das Fleisch, das viel Zusammenarbeit erfordert. Eine Karotte kann man problemlos allein umzingeln und dementsprechend auch alleine aufessen.

Wie üblich beschränkt sich unsere Evolution aber nicht auf die Jagdperspektive. Die geteilte Kinderversorgung hat wahrscheinlich dafür gesorgt, dass Menschen zu den wenigen Spezies gehören, die ihr Essen mit anderer Leute Kinder teilen. Streng genommen gehören sie zu den wenigen Spezies, die ihrem *eigenen* Nachwuchs langfristig was abgeben. Sogar von den leckeren Sachen. Genauso bringt die Jagdtruppe das Fleisch mit nach Hause und teilt es auch mit denen, die sich um den Nachwuchs gekümmert haben. Schließlich kann nur jagen, wer weiß, dass die Kinder unterdessen gut versorgt sind. Haben Sie schon mal versucht, mit einem Zweijährigen im Schlepptau hinter einem Mammut herzurennen? Meistens schaffen Sie es kaum zum Briefkasten!

Unsere Jagd-Sammel-Gemeinschaft versteht die Relevanz von Care-Arbeit also besser als der Kapitalismus. Care-Arbeit ist allerdings nicht der einzige Aspekt des Teilens, den wir oft übersehen. Um auf den anderen zu kommen, lohnt es sich, weiter darüber nachzudenken, warum unsere Jagd-Sammel-Gemeinschaft vor allem das Fleisch teilt: das Beschaffungsrisiko. Über Wurzeln stolpert man, auch ein blindes Huhn findet mal ein Korn, aber von der Jagd kehrt selbst eine Gruppe jedes zweite Mal mit knurrendem Magen zurück.[28] So gesehen wäre es dumm, kein Fleisch zu teilen, *wenn* man welches hat. Sonst bleibt man heute auf seinem Überschuss sitzen, morgen geht man leer aus und kann niemanden um was zu essen bitten. Und wenn man richtig Pech hat, verhungert man und kommt sich dabei auch noch doof vor. Merke: Zusammenarbeit bedeutet zu teilen, wenn man hat, *und* zu bekommen, wenn man nicht hat.

Tatsächlich sind auch geteilte Risiken ein fester Bestandteil unserer Geschichte. Lange bevor Obama sein Obamacare durchsetzte und Bismarck seine Sozialversicherungen, unterstützten Gilden ihre Mitglieder bei Krankheit, und selbst Piratenkapitäne zahlten ihren Leuten Entschädigungen für etwaige verlorene Gliedmaße.

Merkwürdigerweise haben wir zum Risiko-Teilen nicht mal eine emotionale Assoziation. Bei Altruismus denken wir an Empathie, Warmherzigkeit oder Stolz.

Aber nichts davon verbinden wir mit einem Versicherungsvertrag. Dabei machen wir da im Prinzip nichts anderes, als einer Risikogemeinschaft beizutreten. Bei den Massai ist Risiko-Teilen dagegen ein zentraler Pfeiler der Kultur.[29] Osotua, »Nabelschnur«, nennen sie die Verbindung, die zwei Menschen eingehen und die es ihnen erlaubt, den anderen in der Not um so viele Rinder zu bitten, wie man braucht, und so viele zu bekommen, wie er abgeben kann. Absolute Ehrlichkeit ist eine Frage der Ehre und wird vielleicht dadurch erleichtert, dass Kühe sehr groß und gut zu zählen sind.

Immerhin zur Ehrlichkeit haben wir alle eine deutliche emotionale Assoziation: Wenn jemand sich unsere Hilfe erschleicht, macht uns das wütend. So gesehen sollten wir erst recht nicht die positiven Gefühle außen vor lassen.

Am Anfang war also das Teilen von Jagd, Kindern und Risiken. Damit hätten wir den evolutionären Ursprung des Teilens mehr oder weniger geklärt und könnten es auch eigentlich schon gut sein lassen. Im Grunde hätten wir uns kognitiv ganz entspannt auf dem Level von Dreijährigen einrichten können. Oder zumindest auf dem des *Homo erectus*. Denn alles, was wir bis jetzt an Fähigkeiten kennengelernt haben, hat der eigentlich schon ziemlich gut hinbekommen. Er lebte in Gruppen, teilte Arbeit und Kinderversorgung, jagte gemeinschaftlich und experimentierte mit monogamen Lebensformen. Wäre Ihr Vermieter ein *Homo erectus*, würde das kaum einen Unterschied machen. Für all das reichte dem *Homo erectus* ein Gehirn, das ungefähr halb so groß war wie unseres heute. Aber damit haben wir uns nun mal nicht zufriedengegeben, und das bringt uns zur letzten Teilaufgabe: Wissen.

Um den massiven Energiebedarf unseres Gehirns zu decken, kamen Menschen irgendwann auf die Idee, die Energie*gewinnung* aus der Nahrung zu optimieren. Dafür waren vor allem zwei Informationen nötig: die Bautechnik für ein Messer, mit dem man Nahrhaftes von Knochen abschabt, und irgendwann schließlich auch die Zündtechnik für ein Feuer zum Braten. Die zwei vielleicht besten Ideen, die die Menschheit je hatte. Aber bevor wir sie nutzen können, muss uns jemand erklären, wie das geht. Wir brauchen zum Überleben zuallererst mal ein erklärendes Tutorial.

Unser heutiges Gehirn verdanken wir also ein paar Genmutationen an den richtigen Stellen genauso wie generationenübergreifend den netten Menschen, die uns erklären, was ein Grillanzünder ist. Meinetwegen auch, wie man Tofu räuchert. In jedem Fall sind Grilltipps unser fundamentalstes Kulturgut.

Informationen zu teilen ist ein grundlegender Aspekt unseres Selbst. Zum Glück kommen wir als wahre Lernmaschinen auf die Welt. Wir folgen jeder Zeigegeste, verarbeiten jede Information und plappern alle unanständigen Wörter nach, nur für den Fall. Wenn wir gemeinsam eine neue Aufgabe lösen, dann achten wir dabei nicht nur auf unsere eigene Rolle, sondern auch darauf, was unser Gegenüber tut, und wenn man uns bittet, die Aufgaben zu tauschen, wissen wir schon gut Bescheid, während Schimpansen sich erst mal ganz neu orientieren müssten (»Ich soll *was* durch die Lasche ziehen ...?«). Dafür wiederholen Menschen dann aber auch gleich die unnötigen Arbeitsschritte ihres Gegenübers (»An der Stelle muss man laut fluchen!«).

Das Teilen von Informationen gehört zu den Grundlagen unserer Gemeinschaft, wird aber genau wie das von Care-Arbeit und Risiken schnell übersehen. Wenn wir sagen: »Kinder sollen Teilen lernen«, dann denken wir nicht daran, ob sie ihren Geschwistern Wörter und Keksverstecke beibringen oder ihnen Geschichten erzählen. Auch wenn wir selbst der Kollegin zum fünfzehnten Mal erklärt hätten, wie das mit dem E-Mail-Anhang funktioniert, würden wir uns danach kaum »großzügig« nennen.

Dabei hat geteiltes Wissen unsere Welt vielleicht mehr geformt als jeder andere Aspekt des Teilens. Weil es uns freier von unseren körperlichen Grenzen macht. Dass der Mensch weder Fell noch eine besonders dicke

Haut hat, verliert ein Stück weit an Bedeutung, seit es beheizbare Schuhsohlen gibt. Seit der *Homo erectus* angefangen hat, Steinkeile mit sich herumzutragen wie andere Spezies Muskeln, läuft unsere Evolution zweispurig ab: Die natürliche Entwicklung wird ergänzt durch den kulturellen Fortschritt. Und diese kulturelle Evolution ist definitiv eine Überholspur.

Das liegt vor allem daran, dass die natürliche Evolution à la Darwin auf dem Zufallsprinzip beruht. Ob um uns herum Wüsten- oder Eisstürme drohen, sie schickt munter ihre Genmutationen und guckt mal, was sich so bewährt. Wenn wir Glück haben, haben wir so in ein paar Millionen Jahren einen gut klimatisierten Nachfahren, und wenn wir Pech haben, ändert sich dann das Wetter. Im Gegensatz dazu muss kulturelle Evolution nicht warten, bis ein Funke überspringt, sondern kann selbst Funken schlagen, gezielt auf Wetterumschwünge reagieren, Probleme lösen und Impfungen entwickeln (hoffentlich). Und braucht nicht mal Partnersuche, um die Fackel weiterzugeben (Isaac Newton gefällt das, Adam Smith auch). Kulturelle Evolution ist der Grund, warum es die Menschheit geschafft hat, nach Millionen Jahren schöpferischer Trantütigkeit in 60 000 Jahren die Welt auf den Kopf zu stellen.

Der andere Grund, warum die kulturelle Evolution so schnell abläuft, ist der, dass wir dank ihr auf all das zugreifen können, was Millionen kluge Köpfe vor uns überlegt und niedergeschrieben haben, statt jedes Mal wieder neu rauszufinden, wie der Buchdruck funktioniert. Was für eine Erleichterung: Wir müssen nicht alle klug sein! Nur sozial klug genug, um es miteinander auszuhalten. Und wenn dann tatsächlich wer eine Idee hat, machen wir sie ihm einfach alle nach. In gewisser Hinsicht ist die Menschheit so klug wie ihre klügsten Mitglieder.

Weil es für uns ähnlich wichtig ist, Wissen zu teilen wie Ressourcen, belohnt uns unser Gehirn dafür auch mit ähnlich verlockenden Gefühlen. Es macht uns gute Laune, wenn wir Informationen teilen. Das beweist uns der Blick durch den fMRI-Scanner oder in jede Büroküche. Genauso wie das Web 2.0, in dem wir ohne Pause unser Wissen (oder das, was wir dafür halten) in die Welt hinausposaunen.

Im Gehirnscanner wird geteiltes Wissen so ähnlich simuliert wie ein Diktator-Spiel.[30,31] Eine Person wird mit Informationen ausgestattet, die eine andere gut gebrauchen kann (für ein Spiel, das sie gerade spielt). Sofort läuft im Kopf der Diktatoren die Perspektivübernahme ab: Sie grübeln darüber, was die andere Person interessiert, dann freuen sie sich, wenn sie einen relevanten Informationsschnipsel gefunden haben, und dann noch mal, wenn sie sie mitteilen können. Dafür verzichten sie sogar auf bares Geld. Vielleicht kommt Ihnen das Gefühl vertraut vor, wenn Sie ein besonders schönes Gerücht gehört haben, das garantiert alle interessiert, oder auf ein wirklich lustiges Katzenvideo gestoßen sind, das sie unbedingt teilen müssen: Je relevanter die Information, desto lieber tragen wir sie in die Welt hinaus. So gesehen tun auch wir Christian Drosten einen Gefallen mit dem CoronaPodcast.

Zum Ausgleich wird uns unser Leben lang unendlich viel Wissen geschenkt – von Wörtern und Zahlen bis hin zur Funktionsweise von Elektrizität (oder zumindest Lichtschaltern). Vom Lesen und Benehmen bis zu dem Trick, wie man ein Bier mit dem Feuerzeug aufmacht. Selbst für das emotionale Lernen brauchen wir andere Menschen, die uns vorleben, wie man mit Stress und Frustrationen umgeht, Impulse kontrolliert und eben nicht mit Ästen nach anderen Leuten wirft. Wenn unser Gehirn dann seine Erwachsenengröße erreicht hat, ist fast alles, was darin gespeichert ist, das Ergebnis von Teamwork. Ein afrikanisches Sprichwort sagt: *It takes a village to raise a child* – es braucht ein ganzes Dorf, um ein Kind großzuziehen. Wie merkwürdig ist es im Vergleich dazu, über sich zu sagen, man wäre ein Selfmademan. Ihre Kindergärtnerinnen würden Ihnen was erzählen.

Genau genommen ist daher schon die Frage, warum wir eigentlich mit anderen teilen sollen, ziemlich unverfroren. Schließlich haben wir unseren Teil des Deals schon in Anspruch genommen, haben auf Myriaden von Wegen davon profitiert, dass andere mit uns geteilt haben. Stellen Sie sich nur vor, der Entdecker des Feuers hätte sein Geheimnis für sich behalten, oder die Erfinderin des Fleischermessers hätte es patentieren lassen und eine Fleischschneiderei aufgemacht. Die Sache wäre definitiv anders – und nicht so gut – für unsere Spezies gelaufen. Auch heute verdanken Millionen Menschen ihr Leben ganz konkret Erfindungen, die ihre Entdecker/-innen der Menschheit zur freien Verfügung gestellt haben: die Polio-Impfung etwa oder Insulin.

Allerdings wird Ersteres immer weniger in Anspruch genommen und Letzteres teuer verkauft. Auch das Teilen von Wissen fordert also unsere Zusammenarbeit heraus. Im Gegensatz zu Genmutationen und Pfauenschwänzen kann man sich dem kulturellen Fortschritt eben auch verweigern – oder, schlimmer noch, man kann andere davon überzeugen, das zu tun! In solchen Fällen ist die Menschheit hin und wieder auch so blöd wie ihre blödesten Mitglieder. Aus der Evolutionsperspektive sind Impfgegner und die »Erde-ist-eine-Scheibe«-Fraktion das Gleiche wie Flossen zwischen den Zehen.

Ob Care-Arbeit, Risiken, Ressourcen oder Wissen, wohin man sieht, kommt es auf erfolgreiche Zusammenarbeit an – und auf die Grundvoraussetzung dafür: Teilen. Jedenfalls wenn wir darin mehr sehen als pure Großzügigkeit. Teilen heißt auch, jemandem seinen fairen Anteil zukommen zu lassen, Arbeitslasten abzustimmen und Risiken zu senken, Gefallen zu erwidern oder Informationen auszutauschen. Wenn wir all das mitzählen, wird es auf einmal ein sehr viel regelmäßigerer Bestandteil des Lebens. Wir teilen unsere Arbeitskraft, erziehen die nächste Generation, schenken Zeit und Wissen und bekommen im Ausgleich von unserer Firma einen Gehaltsscheck, von unseren Kindern ein Lächeln und von unserem Partner ein Croissant. Für die meisten dieser Teilaufgaben braucht es weder ein mühsames Durchringen noch ein latent schlechtes Gewissen. Höchstens mal ein seufzendes »Muss ja«. Wir teilen, weil es das Praktischste ist, aus Alltags- und Organisationsgründen und weil die Alternative keine einsame Insel wäre, sondern ein hungriges Niemandsland. Wir möchten zwar immer mal wieder gern allein sein, aber doch um Himmels willen nicht auf uns allein *gestellt*.

Tief in unserem Inneren wissen wir um unsere Abhängigkeit von der Gemeinschaft. Immerhin ist unsere ganze Existenz ein ziemliches Dauerbemühen darum, dass sie uns nicht irgendwann augenrollend vor die Tür setzt. Schon bevor wir überhaupt irgendetwas können, sehen wir wenigstens niedlich aus, glucksen und lachen Leute an. Wenn wir dann ein bisschen was können, setzen wir es gleich hilfreich für alle ein. Man kriegt das als Elternteil nur manchmal nicht so mit. Vor allem weil Eltern schon alles alleine können. Wenn man Zweijährige dagegen mit einem *tollpatschigen* Experimentleiter konfrontiert, sind sie den Rest des Vormittags gut beschäftigt. Sie reichen ihm jede Wäscheklammer an, die er fallen lässt, öffnen die Türen, gegen die er läuft, und demonstrieren mit besorgtem Armwedeln, dass man den Wäschekorb besser *in* den Schrank stellt, anstatt ihn mehrfach gegen die Außenwand zu donnern. Außerdem teilen sie ohne Unterlass wichtige Informationen wie »Bäh!«, »Auto!«, »Schmetterlinge!« oder »Eure Generation produziert zu viel CO_2!«. Kurzum: Wir schmeißen uns von Anfang bis Ende voller Elan in die Gesellschaft.

Als Erwachsene hoffen wir, selbstständiger zu sein, aber auch nach dem 18. Geburtstag ist kaum ein sozialer Schmerz so schlimm wie die Angst, etwas Falsches gesagt zu haben. Und so versuchen auch die Großen regelmäßig, hilfreich zu sein. Urvölker verbringen täglich 50 Prozent ihrer Zeit mit Arbeiten, die vor allem der Gemeinschaft nutzen, und wir haben neulich erst wieder eine Geburtstags-WhatsApp geschrieben. Man spricht auch vom Container geteilter Reziprozität, sozusagen einem sozialen Topf, in den wir einzahlen, weil wir davon ausgehen, irgendwie, irgendwo, irgendwann etwas zurückzubekommen. Teilen und Teilhaben liegen nah beieinander.

Man könnte auch von zwei Arten zu teilen sprechen – der großzügigen, wie wir sie im ersten Teil des Buches kennengelernt haben, und der kooperativen. Eine von beiden fällt uns leichter, weil sie das Ergebnis einer Millionen Jahre langen Reise durch die Evolution ist, die wir dicht aneinandergedrängt und sturmgebeutelt im selben Boot verbracht haben. Unser ganzes Bauchgefühl tendiert zum Kooperieren: Je schneller wir entscheiden, desto sozialer handeln wir. Wenn wir erst mal in Ruhe nachdenken sollen, sinkt die Kooperation.[32] Tatsächlich kostet es uns schlechte Gefühle und kognitive Kontrolle, den anderen hängen zu lassen, während uns funktionierende Zusammenarbeit rundum glücklich macht.[33] Wir freuen uns, fair behandelt zu werden, und geben gern einen fairen Anteil zurück.[34] Je mehr wir uns freuen, desto eher arbeiten wir wieder zusammen.[35]

Wie tief Kooperation in unserem Gehirn verankert ist, sieht man auch an den ganzen menschlichen Fähigkeiten, die wir entwickelt haben. Die Sprache zum Beispiel, die uns hilft, unsere Murmelbahn-Konflikte zu lösen. Auch unser Bewusstsein für Eigentum haben wir ironischerweise beim Teilen verfeinert. Wo die meisten Spezies ihren Besitzanspruch verdeutlichen, indem sie auf ihrer Beute *sitzen*, können Menschen sie auch mit einem Handtuch markieren. Oder mit einem Grundbucheintrag. Dieser metaphysische Begriff von Eigentum ist die Voraussetzung für jedes währungsbasierte Tauschsystem. Denn wenn mein Geld nicht mehr mir gehört, sobald es auf dem Verkaufstresen liegt, warum sollte mir die Bäckerin dafür noch ein Quarkkeulchen rüberreichen? Wenn sie schnell genug ist, hat sie jetzt Quarkkeulchen *und* mein Geld, und ich habe schlechte Laune. Amazon und eBay würden so erst recht nicht funktionieren.

Die vielleicht wichtigste soziale Fähigkeit, die uns beim Teilen hilft, ist allerdings eine, die wir oft gar nicht als Fähigkeit wahrnehmen: Vertrauen. Es ist der Kitt, der unser ganzes soziales Gerüst zusammenhält. Um seine Funktionsweise in freier Wildbahn zu beobachten, nehmen Sie einfach zwei Kleinkinder (die gibt's ja nun wirklich überall) und stellen Sie sie vor eine ähnliche Aufgabe wie bei unserer Murmelbahn. Legen Sie zwei Stück Schokolade hoch auf ein Regal. Was jetzt passiert, ist so einleuchtend, dass wir dafür sogar ein Wort erfunden haben: Räuberleiter. Ein Kind klettert auf den Rücken des anderen und dann mit zwei Stück Schokolade für beide wieder herunter. Das Ganze ist sogar so einleuchtend, dass wir vergessen, wie viel dahintersteckt: Das untere Kind investiert die Arbeit im Vertrauen darauf, etwas dafür zurückzubekommen. Und das obere Kind versteht diesen Deal ungefragt. Wenn Ihr Kind mit beiden Riegeln runterhüpft und auf dem quietschenden Bobbycar davonfährt, wären Sie überrascht (und ein bisschen enttäuscht).

Wir stellen uns Vertrauen gern als ein besonderes Geschenk vor, das wir nur sehr nahestehenden Menschen machen (wie Socken). Dabei vertrauen wir noch vor dem Mittagessen der Busfahrerin unser Leben an, der Garderobiere unsere Kinder und dem Kindergärtner unseren Mantel (»... Moment!?«). Und was sollten wir auch sonst machen? Die Alternative hieße, alles ständig zu beobachten und zu kontrollieren. Aber das wäre a) ineffizient, b) unverhältnismäßig und c) irrational. Denn die meisten unserer Beziehungen enden auch ohne diese Kontrolle nicht in einem Rechtsstreit. Und wenn doch, müsste man vielleicht fragen, bei wem das Problem liegt.

Wenn wir den Kindern bei ihrer Räuberleiter in den Kopf schauen könnten (oder Erwachsenen im »Vertrauensspiel«, einem ökonomischen Spiel, das im Prinzip ganz ähnlich ist), dann würden wir dabei einen zweistufigen Prozess sehen. In den ersten Hundertstelsekunden machen wir uns ein schnelles Bild von der allgemeinen Zwielichtigkeit unseres Gegenübers. Die Amygdala spielt dabei eine wichtige Rolle, unsere Hauptverantwortliche für den Bereich Aufmerksamkeit und Alarm. Dabei lässt sie sich schon mal von fragwürdigen Kriterien lenken: von Gesichtszügen oder Gruppenzugehörigkeit. Ein Lächeln zählt als Plus.

Der zweite Teil läuft eher im präfrontalen Cortex ab, also dem durchdachteren Teil des Gehirns. Hier wird abgewogen zwischen zukünftigen Belohnungen und akuten Bedürfnissen. Ein Marshmallow jetzt oder zwei später, der Spatz in der Hand oder die Taube auf dem Dach, beziehungsweise im Vertrauensspiel: *Jetzt an unserem Geld festhalten* oder *dem anderen etwas überweisen, weil er es vermehren kann, und wir hoffen, dass er uns später etwas zurückgibt.*

So betrachtet, ist die Entscheidung, auf Gruppenarbeiten und Räuberleitern zu vertrauen, nicht viel anders als die Investition in ein Aktienportfolio. Nur, dass wir dabei nicht über Kursschwankungen nachdenken, sondern über unsere Mitmenschen. Wir fragen uns, was wir selbst in dieser Situation tun würden oder was wir über die Person wissen. Aber in Abwesenheit von Warnzeichen tendiert der Cortex hier grundsätzlich erst mal zum Vertrauen. Und er hat recht: In den meisten Fällen wird unser Vertrauen belohnt, und wir stehen hinterher mit mehr da. Es ist also eine rationale, »vernünftige« Entscheidung. Merkwürdig, nicht wahr? »Vertraue niemandem!« gilt in Hollywood und Managerkreisen gern als gerissen und clever. Aber neuronal betrachtet, verweist das eher auf eine nervöse Amygdala.

Auch der *Homo oeconomicus*, der ohne unterschriebene Quittung niemandem sein Geld überweist, stünde im Vertrauensspiel mit weniger da als wir mit unserer »Blauäugigkeit«. Sein Misstrauen lässt ihn irrational entscheiden. Aber dafür kann er das immerhin erklären, und zwar mit einem einfachen Gedankenexperiment – dem Gefangenendilemma. Es ist mit über 100 Studien und 9 Millionen Google-Resultaten eines der berühmtesten ökonomischen Dilemmata und führt uns vor Augen, warum es mit dem Vertrauen in die Menschheit dann doch nicht so weit her ist. Kurz gesagt, läuft es darauf hinaus, dass zwei Bankräuber zusammen geschnappt werden und die Polizei sie mit einem Deal dazu bringen will, gegeneinander auszusagen: »Verpfeif deinen Kumpel, und du kommst frei.« Am geschicktesten ist natürlich, wenn beide dichthalten, auf die Gefahr, eine kurze Zeit einzusitzen. Trotzdem lockt die Aussicht auf Freiheit. Oder vielleicht quält einen auch die Sorge, dass der andere den Deal schon angenommen hat, und man jetzt besser aussagt, um vor dem Richter wenigstens geständig zu wirken. Was würden Sie tun?

Auf einmal wackelt unsere kooperative Grundeinstellung – und das zu Recht. Die Entscheidungen im Gefangenendilemma variieren stark, aber durchschnittlich verhalten sich nur 35 Prozent loyal, der Rest nimmt den Deal.[36] Von wegen vertrauenswürdig! Wie aber geht das zusammen? Wie soll man solchen Menschen intuitiv vertrauen? Schauder.

Die Antwort liegt in den Grundannahmen des Gefangenendilemmas, über die wir selten so richtig nachdenken. Der ideale Ausgang ist, dass unser Gegenüber kooperiert und wir es über den Tisch ziehen. Wenn der andere uns betrügt, sind wir mit Wortbruch erst recht besser dran. Wie man es auch dreht und wendet: Kooperation ist hier ein Verlustgeschäft.

Wie sehr diese Logik der Zusammenarbeit, wie wir sie bisher kennengelernt haben, widerspricht, wird besonders beim geteilten Wissen deutlich, denn das hat eine sehr spezielle Eigenschaft: Wenn man Wissen teilt, wird es *mehr*. Wer sein Wissen mit einem anderen teilt, verliert dabei nichts außer vielleicht ein wenig Originalität und die Chance auf einen Beratervertrag. Dafür ist er jetzt von weniger Ignoranten umgeben. Außerdem ist Wissen, das in vielen Hirnen gespeichert ist, besser abgesichert gegen den nächsten Bibliotheksbrand oder eine gut gezielte Kokosnuss auf dem falschen Kopf.

Dass eine Ressource, die man teilt, danach nicht weniger wird, sondern allen Beteiligten gleichermaßen zur Verfügung steht, kennen wir sonst nur von den Gemeinschaftsautos und Leihfahrrädern der Sharing Economy. Aber anders als bei geteilten Fahrzeugen stehen wir beim geteilten Wissen nie vor einem Koordinationsdilemma (»Ich bin heute dran, das Hirn zu benutzen!«) und erst recht vor keinem Kapazitätsproblem (»Serverüberlastung. Bitte versuchen Sie das Denken später erneut.«). Wissen teilen ist so gut wie das Gegenteil des Gefangenendilemmas: Es hat nur Vorteile (jedenfalls solange es dabei nicht um »alternatives Wissen« geht).

Dass etwas, das man teilt, danach überhaupt mehr werden *kann*, kommt weder im Diktator-Spiel noch in unserer traditionellen Vorstellung vom Teilen vor, wo man am Ende eben immer nur noch sieben Euro oder eine halbe Tafel Schokolade hat. Aber gilt dieser Mehrwert nicht ohnehin nur für ideelle Güter? Wie sieht es denn mit handfesten Waren aus?

Überraschenderweise stehen wir auch hier am Ende mit mehr da – solange wir die Zusammenarbeit mitbedenken, die durch das Teilen erst möglich wird. Der Grund, warum unsere Vorfahren sich überhaupt auf die Gemeinschaftsjagd eingelassen haben, war ja gerade, dass sie alleine wahrscheinlich gar nichts zu fassen bekommen hätten. Oder höchstens ein paar Wurzelknollen. Seit Menschen dagegen im Team jagen, können sie nicht nur *irgendwas* erlegen, sondern ganze Mammuts an den Rand des Aussterbens bringen. Und wenn wir die auch nicht alleine aufessen dürfen, stehen wir mit unserem Anteil am Ende doch wesentlich besser da als mit der Wurzelknolle. Es ist ein bisschen wie mit dem größeren Kuchen, auf den Kapitalisten gerne verweisen, wenn sie uns vorrechnen, dass selbst ein kleines Stück vom riesigen Kuchen der freien Marktwirtschaft besser ist als ein egalitär verteiltes Stück von einem möglicherweise kommunistischen Topfkuchen. Egal, wie wir die Zusammenarbeit organisieren – sie bringt größere Kuchen hervor als unsere individuellen Krümel. Die Gemeinschaft kann mehr stemmen als die Summe ihrer Mitglieder. Das ist ein anerkanntes und bewährtes Prinzip in der Natur. Der Körper verteilt seine Arbeit auf Zellen, das Hirn auf Netzwerke und ein Baum auf abertausend Blätter. Und wir nutzen das Prinzip bei allen Grundlagen unserer kooperativen Gesellschaft.

Wie viel Wert unsere geteilte Kinderversorgung schafft, ist uns beispielsweise erst in der Pandemie so richtig aufgefallen. Würden wir sie wieder den einzelnen Frauen überlassen (»Und dazu noch einen Thermomix!«), gingen uns 35–45 Prozent des Bruttoinlandsprodukts flöten. Von den Konsequenzen für die mentale Gesundheit ganz zu schweigen. Fragt man Neurowissenschaften und Pädagogik, hilft jede Form sozialer Unterstützung den Eltern bei der Stressbewältigung und den Kindern dabei, nicht jeden Knacks zu behalten, den ihnen ihre Eltern so mitgeben. Das wiederum entlastet später den Sozialstaat.

Dass auch geteilte Risiken Mehrwert bedeuten, wissen wir schon von den Massai, deren Osotua-Prinzip das Überleben der Herden langfristiger sichert als Kredite. Überhaupt erlaubt uns die Gewissheit, abgesichert zu sein, Grenzen zu erweitern: neue Jagdgründe auszuprobieren, Expeditionen zu entsenden, fruchtbarstes Land zu kultivieren, das blöderweise hin und wieder überschwemmt wird, und an Ideen zu tüfteln, aus denen mitunter nichts wird.

Der Mehrwert geteilter Risiken lässt sich mathematisch gut nachvollziehen, wenn man zwei Fragen stellt. Erstens: *Würden Sie 100 Euro auf einen Münzwurf setzen, der Ihnen im Bestfall 300 Euro einbringt?* Theoretisch ist der Gewinn größer als das Risiko. Praktisch geht jeder Zweite mit einer leeren Brieftasche nach Hause. Und das muss er dann seiner Partnerin vermitteln. Oder seinem Vermieter (»Mathematisch war die Rechnung einwandfrei. Das müssen Sie doch einsehen!«).

Aber was wäre, wenn Sie die Wette oben nicht allein eingehen müssten, sondern sich mit Freunden absichern könnten? Also: *Würden Sie im gleichen Spiel einen Hunderter setzen, wenn Ihre drei Freunde das Gleiche tun und Sie das Endergebnis durch alle vier teilen?* Dadurch sinkt zwar Ihre Chance auf den Hauptgewinn, aber die Wahrscheinlichkeit, dass Sie ganz leer ausgehen, liegt jetzt auch nur noch bei 1:16.

Postwendend steigt die Wahrscheinlichkeit, dass Menschen das Sinnvolle tun und ihr Geld verwetten. Die Zahl der Investitionen nimmt zu, und am Ende stehen alle mit mehr da als vorher.[37] Übrigens ganz egal, ob Konservative oder Linke spielen. Fragt man aber später nach der Meinung zur Umverteilung, finden Konservative die immer noch doof.

Auch in der realen Wirtschaft müssten Sie ziemlich lange suchen, um einen Ökonomen zu finden, der Ihnen sagt, dass Umverteilung den Gesamtgewinn steigert und Menschen *mehr* investieren, wenn sie am Ende alle mit dem gleichen Durchschnitt dastehen. Dabei wachsen auch fair verteilte Stücke mit dem Kuchen. Und damit sind wir wieder beim eigentlichen Problem: Wir haben uns in den Kopf gesetzt, dass Teilen gegen unsere individuellen Interessen läuft. Ob wir ans Diktator-Spiel denken oder an Schokolade, an den *Homo oeconomicus* auf der Räuberleiter oder unter Bankräubern – am Ende steht der, der sich sozial verhält, angeblich immer schlechter da. Das ist nicht nur unrealistisch, sondern verkauft auch unseren einzigen Evolutionsvorteil als Verlustgeschäft. In Wirklichkeit haben wir auf Zusammenarbeit eine ganze Zivilisation aufgebaut, während der *Homo oeconomicus* sehr schnell an ähnliche Grenzen stößt wie unsere zwei Schimpansen vor der Obstpalette. Ohne Teilen keine Zusammenarbeit, kein Fleischermesser, kein Feuer, kein großes Gehirn, keine Gummitierchen und mit ziemlicher Sicherheit auch keine Spitze der Nahrungskette.

Bei unseren Versuchen, die aktuellen Krisen zu lösen, wollen wir trotzdem partout nicht den Nutzen der Zusammenarbeit sehen. Fragen ständig »Wer soll das bezahlen?« oder »Wer ist schon bereit zu verzichten?«, statt einfach mal vorzurechnen, wie viel Geld wir für Fahrrad und Bahn hätten, wenn wir all das aufsummierten, was Einzelne heute in ihre Autos investieren. Nationale Maßnahmen gegen den Klimawandel werden ebenso gern als Gefangenendilemma beschrieben, bei dem Kooperation vor allem einen Wettbewerbsnachteil bringt. Aber der Vergleich funktioniert eben nur, wenn wir ignorieren, was die klimaschützenden Länder alles gewinnen (oder welche Katastrophen sie vermeiden).

Die Frage, warum sich Akteure an Gemeinschaftskosten beteiligen sollen, erübrigt sich oft, wenn man die Gemeinschaftsgewinne mitdenkt: Warum soll ein innovativer Arbeitgeber wie Apple Steuern zahlen? Ganz einfach, weil Innovation in Apple-Produkten – von Internet bis GPS – meistens Ergebnis staatlicher Forschung ist.[38] Und warum sollen Unternehmen helfen, wenn die private Kinderversorgung ihrer Angestellten wegbricht? Weil sie mehr Arbeit zu vergeben haben, als es Kinderlose gibt. Und weil die gleichen Unternehmen diese Kinder in Zukunft einstellen wollen und sich jetzt schon über Fachkräftemangel beschweren. Immerhin haben Ökonomen selbst das Wort »Humankapital« erfunden, und das wächst nun mal nicht auf Bäumen.

Wenn wir an Menschen als Gemeinschaft und an Teilen als Mehrwert denken, entsteht daraus eine ganz neue strategische Perspektive. Erstens ist es auf einmal weitaus riskanter, mit Unbekannten *nicht* zu kooperieren. Wer erst mal vertraut, setzt schlimmstenfalls etwas Geld in den Sand und weiß es nächstes Mal besser. Wer den anderen dagegen gleich hängen lässt, verdirbt sich die Chance auf Zusammenarbeit und größere Kuchen.

Zweitens ist es auf einmal ziemlich rational, unser Verhalten auch an der Zufriedenheit unseres Gegenübers auszurichten. Im schlimmsten Fall jagen wir sonst morgen wieder alleine. Und auf unser Kind dürfen wir auch selbst aufpassen. Ebendeshalb betreibt das obere Kind auf der Räuberleiter jede Menge Perspektivübernahme, um zu wissen, was das untere von ihm erwartet, und fürchtet zu Recht, diese Erwartung zu enttäuschen (»Ob es sich wohl mit einem halben Schokoriegel zufriedengibt?«). Im Endeffekt ist Gemeinschaftsgewinn viel weniger anfällig für den moralischen Wackelraum. Auf einmal lassen wir uns nicht halb so einfach dazu hinreißen, Däumchen zu drehen, bis der Computer für uns eine unfaire Entscheidung trifft.[39]

Merke: Erfolgreiche Zusammenarbeit setzt auch die Möglichkeit voraus, nicht mehr zusammenzuarbeiten.

Überall dort, wo Teilen Mehrwert bedeutet, lohnt es sich, dass wir intuitiv kooperieren. Besonders wenn der Gewinnzuwachs durch Teamarbeit groß ist.[40] In diesen Situationen greifen Menschen darum oft gar nicht auf Vertrauen zurück, sondern richten sich etwas zögerlich nach einer Art kooperativem Kant'schen Imperativ: Verhalte dich so, wie sich alle Einzelnen verhalten sollten, damit wir allesamt mit dem Maximalgewinn nach Hause gehen.

Das Gefangenendilemma baut dagegen auf *gegenläufige* Interessen nach dem Motto »Es kann nur einen geben«. Wenn wir uns in solchen Situationen wiederfinden, dann oft deshalb, weil wir selbst eine künstliche Konkurrenzsituation geschaffen haben, Ranking und Wettbewerb. In solchen Szenarios schneiden Menschen im Allgemeinen eher schlecht ab, vor allem solche, die sich kennen und mögen. Wissen Sie, wer dabei fast das Maximum abräumt? Schimpansen.[41]

Merke: Zusammenarbeit lohnt sich. Sie wird aber schwieriger, je größer die Anonymität und der Interessenkonflikt sind. Dann brauchen wir Vertrauen, Absprachen und Regelmäßigkeit als Schmiermittel, besonders in großen Gruppen.[42]

Die Mehrwertperspektive formt auch unser eigenes Gerechtigkeitsempfinden beziehungsweise unsere Definition eines perfekten Spielausgangs jedweden ökonomischen Spiels. Wenn es uns beim Endergebnis immer um empathische Großzügigkeit ginge, sollte jeder Zugewinn unseres Gegenübers uns freuen. Aber so ist es natürlich nicht. Menschen interessieren sich längst nicht nur für ihre absolute Bezahlung, sondern vor allem für ihren Anteil am Gewinn. Das heißt, wir freuen uns sehr über die Zugewinne der anderen ... so lange, bis die *mehr* bekommen als wir. In dem Fall sind wir sogar aktiv bereit, auf Geld zu verzichten, um das Gleichgewicht wiederherzustellen. Weder der *Homo oeconomicus* noch ein Schimpanse würden so weit gehen. »Sozial« heißt beim Menschen nicht immer nett.

Durch Zusammenarbeit de facto der Konkurrenz zu helfen ist evolutionär betrachtet eben eine riskante Strategie. Und sie lohnt sich nur, wenn wir sofort damit aufhören, sobald sie den anderen mehr nutzt als uns.[43]

Je mehr eine Spezies kooperiert, desto genauer achtet sie auch darauf, was am Ende auf dem Teller des Gegenübers liegt. Mit einer kleineren Belohnung lassen sich weder Kapuzineräffchen noch Krähen abspeisen. Auch unser Gehirn sträubt sich mit einer ganzen Palette an schlechten Gefühlen, wenn wir versuchen, einen unfairen Deal anzunehmen. Und wenn möglich, wandelt es die gern in Schadenfreude um. Hat uns jemand um 3 Euro betrogen, dann war's das mit unserer Empathie. Selbst gegenüber körperlichen Schmerzen.[44]

Im Endeffekt lehnen Menschen eine unfaire Verteilung ab, selbst wenn dann beide leer ausgehen (aka

Ultimatumspiel). Und hin und wieder sogar, wenn nur *wir* auf unseren Anteil verzichten, nicht das unfaire Gegenüber. Uns egal, Hauptsache, wir sind an dieser Scharade nicht beteiligt! Dann doch lieber die fiesen 20 Cent Trinkgeld einfach auf dem Tisch liegen lassen.

Wer zum Gemeinschaftsgewinn beigetragen hat, muss also einen Anteil daran abbekommen. Unser Gegenüber weiß das, und darum schickt es uns im Vertrauensspiel mehr Geld zurück, als wir ihm anvertraut haben. So einfach, so gut. Umso merkwürdiger, dass wir es im realen Leben völlig normal finden, wenn Menschen bei Aldi und Amazon zu Milliardengewinnen beitragen, aber selbst nur ein paar Euro über dem Mindestlohn verdienen. Allgemein zeigen wir relativ wenig Problembewusstsein dafür, dass Produktivität und Löhne weltweit immer weiter auseinandergehen. Als würde unser Team jedes Jahr größere Tiere erlegen und am Ende des Tages nur Wurzelknollen für alle austeilen.

Dabei bricht sich unsere Ungerechtigkeitsaversion natürlich Bahn, ob wir sie beachten oder nicht. Wenn Menschen ungleich bezahlt werden, kocht die Aggression in der Belegschaft hoch.[45] Wenn sie zu niedrig bezahlt werden, lassen sie ihren Frust an den Maschinen aus. Egal ob sie die selbst reparieren und reinigen müssen. Hauptsache, es hält den Laden auf. Und wenn bei der Reifenfabrik Bridgestone die Lohnverhandlungen hart geführt werden, lässt sich das monatlich ablesen – an der miserablen Reifenqualität.[46]

Kurzum, die ideale Strategie ist nicht rein großzügig oder eigennützig, sondern fair genug, damit wir beide morgen wieder gemeinsam auf der Matte stehen. Manchmal ist das sogar das Gegenteil von Großzügigkeit – Osotua-Partner schenken sich weniger. Immerhin basiert das Konzept auf Bescheidenheit und Bedürfnisorientierung. Andere Kulturen klären Konflikte durch aggressive Schenkrituale: Man beschenkt den anderen reichlich, in der Hoffnung, dass ihn das Gegengeschenk in den Ruin treibt. Hier wird unser Hang, Geben und Nehmen auszugleichen, zur Bürde. Merke: Großzügigkeit kann auch eine manipulative Machtdemonstration sein.

Auch wenn die ökonomischen Spiele tunlichst versuchen, dieses kooperative Gepäck auszublenden – zumindest über unsere Normen haben wir es immer mit dabei. Umgebungsnormen beeinflussen unser Verhalten vielleicht sogar stärker als unsere Erziehung. Und selbst kleine Begegnungen hinterlassen einen bleibenden Eindruck: ein hilfreicher Mitspieler in einem Videospiel oder ein großzügiger Diktator.[47] Allerdings prägen uns Vertrauensbrüche und geizige Diktatoren noch nachhaltiger.[48]

Das heißt auch, es lohnt sich, im Auge zu behalten, welche Normen wir mit unsozialen Entscheidungen schaffen. Dass wir uns dessen bewusst sind, kann man sehen, wenn wir das Diktator-Spiel mal im Kreis spielen[49,50] – also eigentlich nicht viel an der Spielanleitung ändern, außer dass wir gleichzeitig einer Person etwas abgeben und von einer dritten etwas bekommen. Sofort geben wir mehr. Und tatsächlich hoffen wir, dadurch selbst mehr zurückzubekommen, denn sobald wir selbst nur einen Festbetrag erhalten, war's das mit der gesteigerten Freigiebigkeit. Als würden wir uns einbilden, dass wir den anderen durch schiere Gedankenübertragung dazu bringen, uns auch mehr abzugeben. Diese Vorstellung nennt sich magisches Denken und ist ein Grundpfeiler unserer Zivilisation.[51] Oder haben Sie sich noch nie bei strömendem Regen zur Wahlurne geschleppt, nur mit dem Gedanken: Wo kämen wir sonst hin, wenn das jeder täte?

In den meisten Fällen bringt uns Kooperation also keinen Schaden wie im Gefangenendilemma, sondern im Gegenteil jede Menge Gewinn. Das Problem liegt viel eher darin, dass wir uns nicht immer entscheiden können, wem dieser Gewinn zugutekommt. Es ist die Situation, die wir alle aus der Gruppenarbeit kennen: Zwei Leute hängen sich rein, alle anderen nehmen die schöne Gruppennote mit. Oder sie fahren schwarz mit dem Bus, weil ja irgendjemand anders Tickets kauft. Oder vermeiden Steuern, weil schon irgendjemand für Schulen und Straßenlaternen zahlt. Selbst Mental Load ist so ein Dilemma, weil sich ein Partner darauf verlässt, dass der andere einen organisierten Haushalt und ein bettfertiges Kind wichtig genug findet, um das zu organisieren. Am Ende teilen sich viele Eltern gleichberechtigt das Sorgerecht, aber keinesfalls die Sorgepflichten.

Am häufigsten stoßen wir auf solche Probleme bei den Gemeingütern, die letztendlich jeder genießen kann: ob Öffis, Straßenbeleuchtung oder Atemluft. Ausgerechnet bei denen fällt uns das Teilen besonders schwer. Weil wir von ihnen auch dann profitieren können, wenn wir uns bei der Arbeit fein raushalten. Dann müssen die anderen unseren Anteil stemmen – oder einen kleineren Gruppengewinn hinnehmen. Oder es gleich lassen. Bei ökonomischen Spielen, die sich um die Gemeinschaftstöpfe drehen, gilt: Je intensiver wir nachdenken, was unsere Gruppenmitglieder wohl tun, desto eher tragen wir präventiv selbst nichts bei.[52] Macht ja eh keiner. Und weil diese Strategie so super funktioniert, werden wir mit Erfahrung immer unsozialer in diesem Spiel – und machen entsprechend wenig Gewinn. Kinder dagegen sind klein und naiv, darum zahlen sie jede Menge in den Gemeinschaftstopf und gewinnen viel mehr als die Erwachsenen.[53]

Erwachsene stehen sich offensichtlich selbst im Weg. Vielleicht auch, weil sie verlernt haben, überhaupt Mehrwert von Zusammenarbeit zu erwarten.

All diese strategischen Überlegungen kommen in unserer Vorstellung vom Teilen kaum vor. Vor allem nicht in der angelsächsischen Welt, wo Philanthropie hoch angesehen und Sharing gleich *Caring* ist. Dagegen wirkt taktische Kooperation doch etwas unromantisch: Was wird dann aus Warmherzigkeit, Mitgefühl, Altruismus und den ganzen schönen Werten vom Buchanfang?

Dabei gehen kooperatives Teilen und mitfühlende Großzügigkeit oft Hand in Hand. Für die große Anthropologin Margaret Mead war das früheste Ausgrabungsstück, das auf Zivilisation hinweist, ein verheilter Oberschenkelknochen. Jemand musste den Verletzten also gepflegt und versorgt haben, bis es ihm wieder besser ging. Fürsorge ist ein Teil von Zusammenarbeit. Wir unterstützen unsere Mitstreitenden, sie unterstützen uns, und üblicherweise fühlt sich das warm und gut an.

Aber wenn unser Mitgefühl dann doch mal erschöpft ist, haben wir eben immer noch Grund genug, dem Mitstreiter über den Winter zu helfen, statt nächstes Jahr einen neuen aufzutreiben (»Waren wir schon auf WG-Gesucht?«). Auch auf dieser Entwicklungsstufe sind wir übrigens nicht allein. Kapuzineräffchen helfen Mitäffchen mit einer körperlichen Behinderung, und Wale halten verletzte Herdenmitglieder so an der Wasseroberfläche, dass sie nicht ersticken. In Meads Definition von Zivilisation ist also Platz für diverse Spezies, aber nicht unbedingt für die Anhänger von Ayn Rand.

Vor allem können wir dank Kooperation Leute retten, ganz *ohne* vor dem Sprung ins Wasser erst noch unsere Erbverwandtschaft durchzugehen (»Mist, im Nachhinein betrachtet war der Opa nur angeheiratet.«). Einfach, weil sie unsere Gemeinschaft unterstützen (»Ich springe in den Fluss für zwei Brüder oder eine halbe Altenpflegerin.«) oder in Zukunft mal unterstützen werden (»Der schuldet uns noch Geld.«).

Weil man die Chance auf einen größeren Kuchen nie ausschlagen soll, reagieren wir auch auf kooperative Signale, wenn sie von der anderen Flussseite kommen. Und selbst wenn wir den anderen zuerst einen Gefallen getan haben, mögen wir sie danach *mehr* als vorher. Zusammenarbeit schweißt also zusammen, und je mehr das passiert, desto mehr verschwimmen die Grenzen zwischen Großzügigkeit und haargenauer Reziprozität. Menschen *und* Schimpansen kennen so ein Konzept von Freundschaft. Und auch die Osotua-Partnerschaft wird vererbt, ganz ohne Biologie.

Die Magie kooperativer Verflechtungen können wir

bei der EU sehen: Man fängt an, ein paar Dinge zu koordinieren, und mir nichts, dir nichts lohnt sich kein Krieg mehr, und man bespricht sich mit irgendwelchen Staatschefs, die man nicht mal mag. (Aber zu echter Großzügigkeit können wir uns immer noch nicht so richtig durchringen.)

Durch die zwei Arten von Teilen – die großzügige und die kooperative – klärt sich denn auch der verwirrende Widerspruch, dass Kinder in der einen Situation hilfreich und freigiebig sind und in der nächsten versuchen, ein anderes Kind mit einem Sandkastenförmchen zu erschlagen. Wir verlangen von ihnen oft die Großzügigkeit, die uns selbst schwerfällt. Willkürliches Schokolade-Abgeben, und das nicht mal an Murmelbahn-Partner oder Bedürftige, sondern an irgendeine Yvonne – wie unnatürlich ist das denn? Stellen Sie sich vor, man würde Ihnen sagen: »Hier ist dein Weihnachtsbonus, gib mal die Hälfte an die Kollegin.«

An dieser Stelle eine persönliche Anmerkung: Ich bin Einzelkind. Ich musste meine Schokolade nicht teilen. Mein Vater mag lieber Salzstangen, und meine Mutter hat Diabetes Typ 2. Aber das macht das Teilen mit anderen Kindern eindeutig *einfacher* und nicht schwerer. Teilen ist der einzig logische Schluss, wenn man zwar Schokolade hat, aber niemanden zum Spielen. Genau genommen verbringt man als Einzelkind ziemlich viel Zeit damit, Geschwisterkindern großäugig beim Streiten zuzugucken und sich fast sicher zu sein, wenn man zu Hause so rumschreit, würde man enterbt. Persönlich glaube ich, wir sind konfliktavers, aber zum Teilen tendieren Einzelkinder in Studien eher mehr.

Der Punkt ist: Vielleicht ist es kein Wunder, dass Geschwisterkinder das Teilen so oft unfair, fies und gemein finden. Wenn es selbst Erwachsene in der Form als eine Art Lebertran sehen – ist zwar für irgendwas gut, gefühlt aber abscheulich.

Mit Kooperation und Fairness dagegen kennen wir uns schon als Kinder prima aus.[54] Noch vor dem zweiten Geburtstag lernen wir, vor allem auf unseren *eigenen* Anteil zu achten (immerhin überlebenswichtig), aber schon kurz danach bevorzugen wir statt Einzelleistung das Winwin der Teamarbeit, bei dem beide etwas abbekommen.

Im Kindergartenalter und in der Schule verfeinern wir die Auswahl unserer Teilgemeinschaft.[55] Erst belohnen wir Leute, die anderen etwas abgeben, und vermeiden solche, die sie stören. Dann lernen wir Ausnahmen zu machen, wenn die Störer sich immerhin entschuldigen. Und zuletzt bevorzugen wir unsere Gruppe und die, die bei ihr bleiben, wenn sie mal verliert.[56] Vielleicht ist das ja eine Erklärung dafür, warum niemand immer gewinnende FC-Bayern-Fans mag.

Beim »Teilenlernen« lohnt es sich, hier anzusetzen: bei dem Hang zur Zusammenarbeit. Kinder, die in einem Spiel als Team und nicht gegeneinander kämpfen müssen, teilen danach auch eher mit unbeteiligten Dritten.[57] Im Spiel freuen sie sich gemeinsam und rennen seltener quengelig zu ihren Eltern. Wahrscheinlich weil Zusammenarbeit für sie genauso wie für Erwachsene weniger Stress bedeutet als ein Konkurrenzkampf.[58] Selbst Lernen funktioniert mit Teamnote teils besser.[59]

Nur, wie oft gibt es in der Schule solche Gemeinschaftsaufgaben nach dem Räuberleiterprinzip? Ohne Konkurrenzdruck und so, dass wirklich jeder Beitrag zählt, statt wie in der klassischen Gruppenarbeit, bei der, wenn wir ehrlich sind, eh meistens nur einer an dem Strang zieht und fünf andere unbeteiligt gucken. In unserer Evolution mag Kooperation von Vorteil gewesen sein, aber in der Umwelt, die wir uns geschaffen haben, merken wir davon nicht viel.

Die Erziehung entspricht auch unserem Verständnis von Wirtschaft. Lange Zeit war das eher ein organisches – wie ein Bienenschwarm oder zumindest eine Maschine aus Rädern, die ineinandergreifen, zwar keine egalitäre, aber doch eine gemeinschaftliche, interdependente Organisationsform. Herbert Spencer, der Mann, der den Sozialdarwinismus erfand (und aus irgendeinem Grund auch Büroklammern), hat aus dieser Vorstellung ein »Jeder gegen jeden« gemacht, bei dem nur die Stärksten überleben. Offensichtlich hat er damit tiefe Spuren hinterlassen.

Wir müssen das Prinzip Wettbewerb ja nicht gleich ganz aus der Kindheitserfahrung verbannen. Verlieren können ist schließlich auch wichtig fürs Leben (vor allem bei Wahlen). Und natürlich sollen Kinder lernen, mit Bedürftigen zu teilen – oder hin und wieder mit irgendeiner Yvonne. Aber vielleicht könnten wir wenigstens aufhören, unser Konzept von Teilen ausschließlich auf eine Tafel Schokolade zu reduzieren, von der man widerwillig ein Stück abbricht.

Allein schon, weil Konservative und Wirtschaftsliberale sich diese Abneigung liebend gerne zunutze machen. Ayn Rand nennt es ihren Erweckungsmoment, als ihr klar wurde, dass die Mutter ein paar ihrer Spielsachen an ein Waisenhaus gespendet hatte. Grover Norquist – in den USA ebenfalls ein neoliberaler Vorredner – erzählt lieber, wie sein Vater von seinem Eis abbeißt und »Steuern!« ruft (sein Bestseller heißt »Vernichtet die Steuerbehörde, bevor sie uns vernichtet«). Donald Trump jr. droht, seiner Tochter die Halloween-Schokolade wegzunehmen, wegen »Sozialismus!«. Wir können nur hoffen, dass ihr später niemand eine Fernsehshow gibt.

Alle drei Erzählungen haben eine gewisse Wirkung, weil sie Kindheitserinnerungen wecken und weil sich Teilen aus dieser Perspektive nun mal ungerecht anfühlt.

Nach allem, was wir mittlerweile wissen, wäre die richtige Metapher eine andere: Jeff Bezos soll nichts von seinen Süßigkeiten abgeben. Er soll einfach aufhören, sie sich noch während der Räuberleiter in den Mund zu stecken.

In diesem Szenario ist der Wackelraum winzig und unser Gerechtigkeitsempfinden glasklar. Darum möchten diejenigen, die schon viel haben, die Vorgeschichte zu diesem Vermögen auch so gern vergessen. Wenn zum Beispiel Gerhard Schwarz, der Wirtschaftsressortleiter und Vizechef der *Neuen Zürcher Zeitung*, zur Migration von Menschen sagt, Europa sei ein Club, in den nur reinkommt, wer etwas beiträgt, dann übergeht er sehr geflissentlich, worauf das Clubhaus gebaut ist. Und wenn Kapitalisten sagen, sie hätten sich an ihren eigenen Stiefelriemen hochgezogen, dann übergehen sie, dass das physikalisch nicht geht.

Um nicht in solche argumentativen Fallen zu tappen, wie sie Rand, Norquist und Schwarz aufstellen, wäre es hilfreich, wenn wir selbst aufhören würden, so zu tun, als ginge es beim Teilen bloß um Großzügigkeit statt um unsere Lebensgrundlage angesichts gegenseitiger Abhängigkeit. Blöderweise haben wir das unterwegs irgendwo verlernt. Und so übernehmen wir doch wieder das Framing vom Selfmademan, loben Philanthropie statt Spitzensteuersätze und reden sogar bei Betrieben – mit der Logik des Diktator-Spiels – von Arbeit*gebern* und Arbeit-

nehmern. Als ob der eine großzügig etwas abgibt und der andere, noch viel merkwürdiger, etwas nimmt.

Dass es uns so schwerfällt, Teilen im Kontext zu sehen, hat mehrere Gründe. Zum einen ist die verkürzte Vorstellung vom Geben und Nehmen einfacher, und wir mögen nun mal einfache Modelle mit geraden Linien und klaren Vorhersagen, die hübsch wissenschaftlich daherkommen. Zum anderen passt es nicht gut ins ökonomische Modell, wenn pures Eigeninteresse *irrational* ist. Tatsächlich wäre Großzügigkeit viel einfacher zu integrieren. Dafür müssen wir nur die Formeln für unseren Eigennutz ergänzen um den Nutzen für andere. Doch diese Rechnung erklärt weder unser Verhalten im Vertrauens- noch im Ultimatumspiel.

Das ganze Grundkonzept des *Homo oeconomicus* lässt sich immer schwerer verteidigen. Milton Friedman würde hier anmerken: Ein Modell muss ja nicht akkurat sein, solange es nur funktioniert. Aber es tut ja nicht mal das. Seine Vorhersagen scheitern nicht nur beim Diktator-Spiel, sondern auch bei allen möglichen realweltlichen Größen: bei Arbeitslosenzahlen, Bruttoinlandsprodukten und Börsencrashs.[60] Wer ein rationales Wesen mit vollständiger Information in die Mitte seiner Prognosen stellt, erhält eben eine perfektes Bild, in dem Märkte immer recht haben und Crashs nicht existieren.

Falsifizierte Modelle, also solche, die erwiesenermaßen nichts taugen, soll man konsequent entsorgen, sonst schimmeln sie alles im Kühlschrank an. Das heißt, sie werfen ein schlechtes Bild auf den ganzen Rest der Forschung – auf all die modernen Wirtschaftswissenschaftler/-innen, die es mit der Empirie aufnehmen und Modelle hinterfragen, auch wenn sich bisher keine Alternative wirklich im Mainstream durchsetzen konnte.

Das wiederum liegt auch an dem dritten Problem beim Versuch, Teilen im Kontext zu betrachten: Wir haben keine Lust dazu. Oder besser, der neoliberale Mainstream hat keine Lust dazu, und das vor allem aus ideologischen Gründen. Wer davon ausgehen will, dass es rational ist, im Diktator-Spiel nichts abzugeben und sich im Vertrauensspiel um faire Verteilung zu drücken, muss auch annehmen, dass Menschen vom sozialen Gefüge unabhängig sind, keine Beziehungen aufbauen und weder Normen kennen noch Normen schaffen. Dieses Menschenbild ist auch als Gegenentwurf zu sozialistischen Ideen gedacht, die Vision einer technokratischen Politik, die auf Vernunft und Vorhersagen basiert, und einer Gesellschaft, in der Solidarität streng genommen nicht nötig ist und reichlich altbacken wirkt. An ihre Stelle treten vier Kernkonzepte: Individualismus, Dezentralisierung, Deregulation und Vertrauen in die selbstregelnde Kraft der Märkte.[61]

Man sieht diesen technokratischen Vernunftanspruch beispielsweise daran, dass Klimaforscherinnen gern (radikale) »Aktivistinnen« genannt werden, während die Gegenseite sich mit »Wirtschaftsweise« anreden lässt. Zur Selbstbestätigung haben sich die Ökonomen einen eigenen »Nobelpreis« gebastelt – und ihn gleich dreizehnmal an Vertreter der neoliberalen Geburtsstädte Chicago School of Economics verliehen. Außerdem benutzen sie gern Begriffe wie »Rational-Choice-Ansatz« und »ökonomische Räson«. Sagen Sie bloß, Sie sind gegen Rationalität? Im Endeffekt bauen wir immer noch große Teile unserer Wirtschaft – und hin und wieder auch unseres Feuilletons – auf neoliberalen Annahmen auf und fühlen uns dabei sehr ... vernünftig.

Dabei ergeben sich aus diesem Vernunftanspruch mindestens drei Probleme: Zum einen wissen wir ja jetzt schon, dass er auf Sand gebaut ist. Jedenfalls, bis man die zugrunde liegenden Modelle auf ihre Vorhersagekraft prüft. Wenn die Vorhersagen immer wieder danebenliegen, muss man die Modelle dahinter ummodeln, rauswerfen – oder als das bezeichnen, was sie sind: ein ideologisches Weltbild, an dem wir *irrationalerweise* festhalten (wobei das irrationale Festhalten an einer falschen Vorstellung von Rationalität ein schönes Paradox ergibt). Der Wirtschaftsnobelpreisträger Paul Krugman spricht bei unseren Marktmantras auch von »Zombie-Ideen« – etwa dass Privatisierung alle Probleme löst oder dass Steuererleichterungen für Ultrareiche irgendwem nutzen außer Ultrareichen. Das Bild vom Zombie passt, weil diese Ideen nicht totzukriegen sind und weil Chaos und Verwirrung ihren Weg säumen – ob man nun die Strukturprogramme des Internationalen Währungsfonds betrachtet oder die Austeritätsprogramme der EU.

Zum anderen fällt uns das Vertrauen in selbstregulierende Marktmächte auf die Füße, wenn wir wirklich einmal gemeinschaftliche Organisation und solidarisches Handeln brauchen. Wie zum Beispiel bei einer Pandemie. Dann kollabieren die privaten Krankenhäuser, die Produktion kommt mit medizinischem Material nicht hinterher, und Staaten liefern sich ein Wettbieten. Die Länder, die auf Herdenimmunität setzen – die deregulierteste Antwort auf ein Virus –, retten am Ende weder Leben noch Wirtschaft.

Außerdem wird das, was wir »vernünftig« nennen, schnell zur Norm und damit zur sich selbst erfüllenden Prophezeiung. Niemand ähnelt dem *Homo oeconomicus* so sehr wie Studierende der Ökonomie.[62] Auch das technokratische Weltbild mit seiner Reduktion auf abstrakte Zahlen verleitet uns, menschlich-soziale Aspekte einer Entscheidung zu übersehen.[63] Berüchtigt der Satz von Virologe Hendrik Streeck: »Ich finde es müßig, über Todesfälle zu reden.«[64]

Zuletzt prägt uns wahrscheinlich auch der Individualismus des *Homo oeconomicus*. Zu Demonstrationszwecken nehmen Sie das Bild einer lächelnden Comicfigur mit ein paar bedrückt dreinschauenden Leuten im Hintergrund. Wie ist sie gelaunt? Wo Amerikaner und Deutsche meist »glücklich« antworten, zögern Japaner, Griechen und junge Koreaner.[65] Wer ist schon glücklich, wenn das Umfeld geknickt ist? Vielleicht hilft letztere (mutmaßlich etwas kollektivistischere) Perspektive dabei, die Wirkungen der eigenen Handlungen auf andere zu verstehen – ob es um Masken oder Impfungen geht.[66] In jedem Fall sträubt sich die neoliberale Fraktion beharrlich, den Einzelnen oder gar den Markt dem Wohle der Allgemeinheit zu verpflichten. Oder, wie es Friedrich Merz gesagt hat: »Es geht den Staat auch nichts an, wie *ich* mit *meiner* Familie Weihnachten feiere.«[67]

Auch im Gemeingutdilemma benehmen sich Manager aus Deutschland und den USA übrigens eigennütziger als die aus Hongkong.[68]

Zusammenfassend: Unser Sozialleben ist das, was uns Menschen ausmacht, unser einziges Erfolgsgeheimnis. Umso irrwitziger, dass unsere ökonomischen Modelle es auf Biegen und Brechen außen vor lassen wollen. Im Endeffekt klammern wir nicht nur aus, wozu wir fähig sind, sondern auch, welche Bedingungen es dafür braucht. Oder wie viel bitterböses Blut entsteht, wenn man sie verletzt.

Das Ausblenden des Sozialen macht uns auch die nächste Herausforderung schwer: unsere Teamarbeit für eine ganze Weltgemeinschaft zu organisieren. Ein Kraftakt, denn dabei haben wir zwar nicht mehr die gleichen sozialen Möglichkeiten, aber immer noch die gleichen Bedürfnisse. Es ist nicht einfach, Zusammenarbeit über ganze Länder hinweg zu organisieren, wenn unser Kopf immer noch auf Gemeinschaften von 150 Leuten getrimmt ist, die alle ein bisschen so aussehen wie wir (zumindest in der Steinzeit) oder gleich mit uns verwandt sind (zumindest in Niederbayern). Je größer und komplexer die Welt, desto komplizierter wird auch all das, was wir für Zusammenarbeit brauchen – Regelmäßigkeit, Vertrauen und persönliche Absprachen, Selbstwirksamkeit statt Diffusion von Verantwortung. Auch was fair und gerecht ist – oder gemogelt , muss man erst mal ausklügeln. Wie viel Gewinn macht eigentlich so eine Kollaborationsgemeinschaft von 7,7 Milliarden Menschen? Was steht jedem zu?

Umso wichtiger ist es, dass wir immerhin auf das System vertrauen, das die Zusammenarbeit organisiert. Auf Institutionen, die Verträge und Eigentum absichern genauso wie die Wasserqualität. Institutionalisierung erlaubt uns, um die Ecke, über Kreuz und im Kreis zu teilen, und sichern damit das komplizierte Netz, das unser Frühstück auf den Tisch bringt. Selbst in der neoliberalsten Wirtschaft stellt sich eigentlich nie die Frage, ob es gemeinschaftliche Organisation braucht, sondern nur, wo.

Worauf sich dabei fast alle einigen können: Die Gemeinschaft soll die Spielanleitungen durchsetzen, Normen wahren, Betrug bestrafen, Eigentum schützen. Hobbes beschwört seinen Leviathan und Adam Smith beschwört einen Nachtwächterstaat, der vor allem dann eingreift, wenn etwas Illegales geschieht. Auch Ayn Rand und ihre Republikaner schwören auf Gerichtsbarkeit und Polizei.

Wenn wir an unsere Spiele denken, dann bedeutet diese Nachtwächterrolle wohl, dass Institutionen die strafende Funktion einnehmen, dafür sorgen, dass uns Unfairness teuer zu stehen kommt. Und angesichts unserer bekannten Neigung zu Rachsucht und Schadenfreude ist es wohl tatsächlich keine gute Idee, das Abstrafen von unkooperativen Leuten uns selbst zu überlassen. Wenn man das in ökonomischen Spielen macht, endet es entweder in einem strafenden Teufelskreis oder einem Gleichgewicht des Schreckens. Dann lieber das Strafen *einer* Instanz überlassen, auch wenn die durchaus Teil des Teams sein kann. Passenderweise beendet offizielle Gerichtsbarkeit, historisch gesehen, oft immerwährende Blutfehden und Nachbarschaftskriege.

Darüber hinaus sagt uns die Metaanalyse, dass Strafen am besten funktionieren, wenn Instanzen sie nicht willkürlich verhängen können, sondern selbst einen Preis dafür zahlen. Oder auch, dass *Belohnungen* mindestens genauso gut funktionieren, was überraschend ist in einer Welt, in der man immer nur nachsitzen muss, aber nie früher gehen darf.

Vor allem sagt uns die Forschung, dass Belohnung und Bestrafung ziemlich lausige Mittel sind, um Kooperation aufrechtzuerhalten. Beide untergraben Freude und intrinsische Motivation. Wir geben nur noch unter Druck, und die Gesamtbilanz ist negativ.[69] Selbst denjenigen, die die Macht haben zu strafen, verdirbt das schnell die Freude an der Zusammenarbeit. Wer anderen eins auf den Deckel geben kann, ist sich danach fast sicher, dass die gar nicht freiwillig kooperieren. Und fühlt sich gleich weniger geneigt, ihre Kooperation zu erwidern. Am Ende gewinnen oft Gruppen, die bewusst aufs Strafen verzichten, kooperative Untergruppen bilden oder eben im Notfall einfach die Kooperation verweigern. Wer nicht beim Klimagipfel mitmacht, darf auch nicht mit zu Olympia. Punkt.

Strafen sind also ein letztes Mittel, das wir durchdacht einsetzen sollten. Aber dank *Homo oeconomicus* gehen wir dummerweise davon aus, dass sie das *einzige* Mittel sind, um Menschen sozial zu motivieren. Mit dieser völlig wertfreien Annahme betreiben wir dann ein Jobcenter.

Zum Glück kann der Staat Zusammenarbeit ja noch auf ganz anderen Ebenen unterstützen – am offensichtlichsten die geteilte Kinderversorgung und das geteilte Wissen. Ironischerweise werden die beiden im Vergleich zu Strafen eher als Kostenfaktor wahrgenommen anstatt als potenzieller Gewinn.

Das Gleiche gilt für die geteilten Risiken, wie die Gesundheitsversorgung, deren wirtschaftliche Relevanz uns gerade erst eindrücklich bewusst wird, obwohl Adam Smith die Bekämpfung von Krankheiten längst als staatliche Aufgabe vorgesehen hatte. In einer Pandemie müssen die Kranken versorgt werden und die Ansteckenden zu Hause bleiben. Beides gelingt den neoliberalen Systemen eher schlecht.[70] Bezeichnenderweise ging der Global Health Security Index vorher trotzdem davon aus, dass die USA pandemietechnisch am besten vorbereitet sind. Gefolgt von Großbritannien und den Niederlanden. Wir haben zu oft übersehen, dass Absicherung allen zuteilwerden muss.

Auch die Sozialversicherungen sehen wir vor allem

als Kostenpunkt. Dabei sorgt die Gewissheit, auch im schlimmsten Fall nicht am Hungertuch zu nagen, wahrscheinlich dafür, dass wir genau das tun, was uns Absicherung seit Jahrtausenden ermöglicht: Wir entdecken, probieren und gründen Unternehmen, obwohl jedes zweite davon pleitegeht.

Dass Wirtschaft Angstfreiheit, Absicherung und Zuversicht braucht, hat uns als Erstes John Maynard Keynes erklärt, der einflussreichste Ökonom im Zeitfenster zwischen Großer Depression und Neoliberalismus, erst recht während der Nachkriegsjahre. Vor ihm dachten wir, dass sich Wirtschaftsflauten von selbst beheben, weil Menschen das, was sie nicht ausgeben, dank niedriger Zinsen letztendlich investieren. Funktioniert hat das natürlich nie, denn in Wirtschaftsflauten sind Menschen vor allem arbeitslos und ängstlich. An dem wenigen Geld, das sie haben, halten sie fest. So taumelte die Wirtschaft regelmäßig in zähe, schmerzhafte Crashs. Keynes half uns, aus diesem Muster auszubrechen, weil er verstand, dass Menschen Vertrauen brauchen, um Geld auszugeben. Er war damit der Erste, der mathematisch begründen konnte, warum der Staat in Krisen Geld *ausgeben* muss (und in Boomzeiten sparen). US-Präsident Franklin D. Roosevelt hatte das schon in der Wirtschaftskrise der 1930er-Jahre richtig gemacht, aber vor allem, weil er keine Ahnung von Ökonomie hatte. Sein New Deal investierte in Sozialversicherungen und Gemeingüter. Der *Green* New Deal lehnt sich an sein Konzept an, ist aber heute wieder als völlig utopisch verschrien.

Auch sonst kann der Staat viel für Gemeingüter tun. Sie im Blick behalten zum Beispiel. Keynes hat es so erläutert, dass der Staat Entscheidungen treffen muss, die sonst niemand trifft – die mit dem Blick aufs große Ganze: auf Gesundheit, fruchtbare Erde, saubere Luft, klares Wasser und öffentlichen Verkehr. Gemeingüter bringen selbst den perfekten Markt im ökonomischen Modell an seine Grenzen, weil es dabei großenteils um externe Effekte geht: Wenn eine Firma sich ein paar dekorative Bäume aufs Grundstück stellt, die Sauerstoff für alle produzieren, sind das positive externe Effekte. Wenn das, was aus ihrem Schornstein kommt, die Luft verpestet, ist es ein negativer externer Effekt. Da Bepflanzung Geld kostet, Luftverschmutzung aber per se nicht, sind negative externe Effekte wahrscheinlicher. Leider fällt uns das manchmal erst auf, wenn im Lockdown der Himmel so blau strahlt wie noch nie. Oder wenn in dieser Zeit auch die Zahl der extremen Frühgeburten um bis zu 90 Prozent sinkt,[71] mutmaßlich auch wegen der verbesserten Luftqualität.

Die Sache ist also eigentlich klar: Wo selbst der perfekte Markt versagt, muss die Politik einschreiten und der Firma die Kosten für die verschmutzte Luft in Rech-

nung stellen. Tadah, Gemeingutproblem gelöst! Umwelt-
steuern fordert immerhin sogar der Chef des Weltwirtschaftsforums. Und der Chef der Umweltorganisation
der UNO fügt hinzu, wir könnten ja auch den *Wert* einer
intakten Natur in unsere Modelle miteinfließen lassen.
Dann würden wir auch Naturschutz nicht mehr als kost-
spielige Großzügigkeit verstehen, sondern als Schutz der
Lebensgrundlage oder gleich als Chance, das ganze wertschöpfende Potenzial unserer Erde wiederherzustellen.

Wie die Reaktion auf derlei Steuern ausfallen würde,
ist natürlich klar. »Ruinös! Da kann ich ja den Laden
gleich dichtmachen!«, hieß es anlässlich der Einführung
von bleifreiem Benzin, des FCKW-Verbots und der Ab-
schaffung jeder Art unmenschlicher Arbeitsbedingungen,
einschließlich Kinderarbeit und Sklaverei. Und so hört
man es in Bezug auf die CO_2-Abgabe.

Dabei sollten viel eher diejenigen empört sein, die
diese externen Kosten unfreiwillig tragen. Also ... wir alle.

Es ist schon merkwürdig: Wenn jemand uns zu Hause
das Parkett ruiniert, muss er dafür zahlen, aber für die
Erde setzen wir so was kaum durch (»In diesem Ökosys-
tem nur mit Pantoffeln!«) oder *wir* gelten als merkwürdig
(»Wenn wir für Ihren kaputten Fußboden aufkommen
sollen, schadet das der europäischen Wettbewerbsfähig-
keit.«). Der Markt solle das regeln, heißt es wie immer. Dabei wissen wir doch genau, dass er das nicht kann.

Wenn Adam Smith hören würde, dass sich Menschen bei dieser Argumentation auf ihn beziehen, würde er uns was husten. Erstens, weil er durchaus an Gemeingüter glaubte, die der Staat bewahren muss, zweitens, weil ihm Kapitalisten, die Gesetze beeinflussen, ein Graus waren, und drittens, weil Laisser-faire bei ihm vor allem hieß: Wenn dein Produkt der Gesellschaft die Kosten nicht wert ist, dann solltest du's nicht produzieren! Oder dir weniger Profit einstecken. Staatliche Verhätschelung von Unternehmen war ihm mindestens so suspekt wie Gängelung, und hätte er gewusst, dass Walmart-Angestellte Sozialhilfe vom Staat bekommen, wäre er aus dem Husten gar nicht mehr rausgekommen.

Der Markt, wie ihn sich Smith gedacht hat, funktioniert eben nur, wenn Menschen mit ihren Kaufentscheidungen ausdrücken können, welche Kosten ihnen ein Produkt wert ist. Und das geht nur, wenn die Kosten im Preis enthalten sind. Sonst stehen wir grübelnd vor dem Alternativ-Milch-Regal, hin- und hergerissen zwischen Kokos (importiert), Soja (Regenwald) und Hafer (plastikverpackt). Von wegen »Es reicht, wenn wir im Eigeninteresse handeln«. Von tagelangem Googeln hat keiner was gesagt! Heute hat der Preis unserer Turnschuhe mit deren Herstellungskosten genauso wenig zu tun wie der von Elektronik oder Schnitzel, und solange das so ist, können wir uns auch das Gerede von der Eigenverantwortung sparen.

Genau genommen ist diese Art von Deregulation nicht mal im unternehmerischen Interesse – also im Interesse der Mehrheit, die sich durchaus um ihre soziale Bilanz sorgt, denn die muss sich jetzt von Ausbeutern unterbieten lassen. Franklin D. Roosevelt wusste auch das: In einem Markt ohne Regeln verderben 10 Prozent unfaire Unternehmer den fairen 90 Prozent die Preise.

Kurzum, wir wollen die staatlichen Aufgaben zur Regulation an den Markt übergeben, ignorieren aber alles, was der zum Regulieren braucht. Vom Staat wiederum wollen wir, dass er Zusammenarbeit auf großer Ebene ermöglicht, dabei aber auf gar keinen Fall Geld verschlingt. Wir sparen dann aber ausgerechnet dort, wo er uns eigentlich Wert einbringt. Stattdessen fokussieren wir uns ganz auf Regeln und Strafen, die es braucht, um das absolute Minimum geregelter Zusammenarbeit zu sichern – übersehen aber schnell, was sie uns an intrinsischer Motivation kosten.

Zusammengefasst: Der Mensch ist und bleibt ein soziales Tier. Nicht das einzige, aber vielleicht das extremste. Und in Corona-Zeiten besinnen wir uns, wie in den meisten Krisen, auf unsere sozialen Wurzeln – um festzustellen, dass wir sie unterwegs irgendwo verloren haben. So kommt es, dass wir in einer Zeit, in der wir eigentlich mit uns selbst genug zu tun haben, erst mal über Gerechtigkeit debattieren und vom Balkon für systemrelevante Mitmenschen klatschen. Wenn auch mit dem leisen Verdacht, dass das unser Problem nicht vollständig löst.

Wenn wir auf unsere Zusammenarbeit heute schauen, scheint nichts mehr zusammenzupassen, schon gar nicht die Verteilung von Arbeit, Gewinnen und (Ansteckungs-)Risiken. Die Pandemie verschärft die bestehenden Konflikte, zwischen reichen und marginalisierten Gruppen oder Männern und Frauen. Nicht umsonst lässt sich »marginalisiert« ja auch mit »benach*teilig*t« übersetzen: die mit dem zu kleinen Anteil.

Weltweit betrachtet, sind die Verhältnisse ähnlich verzerrt. Wir machen Gewinne auf Kosten von anderen Ländern oder gleich der nächsten Generation. Und auch wenn beide laut protestieren, sitzen sie selten an den Machthebeln der Institutionen. »Externalisierungswirtschaft« nennt Soziologe Stephan Lessenich unser Problem in seinem Buch *Neben uns die Sintflut*,[72] und da stehen wir, im vollen Bewusstsein der anderen Sintflut, die mit dem Klimawandel noch nach uns kommt, scheinbar noch im Trockenen. Mit nasser werdenden Füßen. Wie sind wir hier nur hingekommen?

Letztlich hat sich unsere Jagdgemeinschaft weit mehr verändert als nur in puncto Größe und Komplexität. Dass wir zum Beispiel Risiken in unseren Entscheidungen ständig auslagern, liegt auch daran, dass in unserer Gemeinschaft heute einige Akteure schon dem Namen nach weniger Risiken tragen als andere: GmbHs. Gesellschaften mit beschränkter Haftung. GmbHs schaffen Absicherung für Unternehmen und Geldgeber, aber vor allem ermöglichen sie Menschen, an Gewinnen teilzuhaben, ganz ohne die damit verbundenen Risiken zu tragen. Atomkraftwerke zum Beispiel sind gegen GAUs unterversichert, weil das keine Versicherung freiwillig macht (von wegen »sicher«). Im Ernstfall gehen ihre Betreiber einfach pleite und legen sich mit den letzten Boni ganz weit weg in eine Hängematte, während wir die Strahlungsschäden beseitigen müssen oder gleich tot sind. Ich dagegen darf mir ohne Haftpflicht nicht mal ein Auto kaufen.

Gewinne werden also personalisiert, Risiken vergemeinschaftet. Ironisch wird es vor allem, wenn ausgerechnet GmbHs von Privatpersonen verlangen, mehr Eigenverantwortung zu übernehmen. Zum Beispiel, wenn Getränkegiganten mit dem Slogan »People start pollution, people can stop it« werben. Als ob es besagte *people* nicht eine ganze Nummer einfacher hätten, wenn der Konzern seine Brause wieder in Glasflaschen packt. Oder wenn ausgerechnet der Ölkonzern BP in Online-Kampagnen den persönlichen CO_2-Fußabdruck populär macht. Aktivistinnen und Aktivisten sollen also die persönliche Eigenverantwortung übernehmen, die Konzernbosse aus organisationstechnischen Gründen sehr bewusst an der Garderobe abgeben.

Aber nicht nur das Verhältnis von Gewinnen zu Risiken bröckelt, sondern auch das von Wert, Preis und Leistung. Seit wir aufgehört haben, unsere Beute auf der Stelle zu verspeisen oder – wie bis ins Mittelalter – gegen andere Ware zu tauschen, und sie stattdessen gegen Geld handeln, müssen wir uns dafür einen Preis ausdenken. Meistens genau den, den andere Menschen dafür zu bezahlen bereit sind. Darum ist eine Bleistiftskizze von Picasso mehr wert als ein Ölgemälde von Udo Lindenberg, trotz der Materialkosten. Genauso gut kann es uns aber auch passieren, dass unsere Jagdgruppe trotz allen Nährwerts, den sie schafft, gewinntechnisch den Kürzeren zieht, weil Wurzelknollen an der Börse gerade gehypt werden (falls Sie das Beispiel unsinnig finden, googeln Sie mal »Tulpenkrise«).

Die Ökonomin Mariana Mazzucato erklärt, wie Preise absurde Züge annehmen können, angeheizt durch Aktienspielereien und Spekulationsblasen. Weil der Börsenpreis außerdem stark von der Gewinnausschüttung an die Aktionäre abhängt, fällt dabei auch alles unter den Tisch, was Zusammenarbeit langfristig sichert: eine faire Gewinnbeteiligung der Belegschaft oder ein nachhaltiges Jagdkonzept, dank dem es auch nächstes Jahr noch Mammuts gibt. Aus finanzieller Perspektive ist beides irrational.

Überhaupt fällt auf, dass wir beim Aufbau unserer Geldwirtschaft ausgerechnet verpasst haben, die gesellschaftlichen Grundlagen mit einem Preisschild zu versehen. Oder, wie Robert Kennedy mal gesagt hat: Das Bruttoinlandsprodukt misst absolut alles, außer das, was das Leben lebenswert macht. Dass wir Teilen so oft mit Verlust assoziieren, rührt nicht unwesentlich daher. Universitäten generieren Wissen im Millionenwert, aber auf der Habenseite taucht das im Bruttoinlandsprodukt eben erst auf, wenn man es in einem Apple-Produkt verbaut (und dann nicht in der Bilanz der Universität). Den Wert unbezahlter Care-Arbeit von Frauen schätzt Oxfam auf jährlich 10,8 Billionen Dollar.[73] Der Wert von *bezahlter* Pflegearbeit wird dank Niedriglöhnen viel zu klein eingeschätzt. Und weil wir im Zirkelschluss vom Preis auf den Wert schließen, sind beim Wort »Leistungsträger« selten Krankenschwestern gemeint.

Nichtmenschliche Beiträge zu unserem Gewinn bleiben ganz außen vor: Die Wirtschaftsleistung von Bienen und anderen Bestäubern wird weltweit auf jährlich 195 bis 287 Milliarden Euro geschätzt,[74] die des Amazonas auf 8,2 Milliarden Dollar für die brasilianische Wirtschaft allein.[75] Die Einhaltung der Pariser Klimaziele rettet uns weltweit vor Kosten von 36,4 Trillionen Euro.[76] Aber fürs Bruttoinlandsprodukt ist ein Regenwald, der einfach nur rumsteht, genauso schlimm wie für die FDP das unbebaute Tempelhofer Feld. Um zu wissen, ob wir wirklich Wert schöpfen, müssen wir vom Wachstum die Kosten der zerstörten Natur abziehen. Die Bilanz ist wahrscheinlich negativ.

Dass das, was nichts kostet, in unseren aktuellen Modellen auch nichts wert ist, wiegt besonders schwer, wenn man noch einen fundamentalen Unterschied zwischen unserer heutigen Zusammenarbeit und der unserer Vorfahren einbezieht: Wir haben unsere Ressourcen längst ausgeschöpft. Was bringt ein größerer Kuchen, wenn uns die Zutaten ausgehen? Oder wenn wir sie uns auf Pump besorgen? Adam Smith konnte diesen Umstand nicht vorhersehen. Dafür hat ihn Maja Göpel in ihrem Buch *Unsere Welt neu denken* auf den Punkt gebracht.[77] Jahr für Jahr wächst der ökologische Fußabdruck der Menschen weiter über die Ressourcen der Erde hinaus – selbst während des globalen Stillstands der Corona-Krise. Es gäbe viel zu reduzieren: Industrie, Umweltverschmutzung und fossile Brennstoffe. Aber im Moment könnte schon der CO_2-Verbrauch der Nahrungsmittelproduktion das Erreichen der Klimaziele unmöglich machen.[78]

Bei aller Wertschöpfung muss es also vor allem darum gehen, die Ressourcen intelligenter zu nutzen und das, was wir haben, gerechter zu verteilen. Seit den 1980ern hat sich das weltweite BIP fast verdreifacht, doch von jedem Dollar erreichen die unteren 60 Prozent der Vermögenspyramide höchstens 5 Cent. Wenn wir unsere Verteilung gerechter gestalten würden, könnten wir Arbeit *und* Ressourcen zurückschrauben. Allerdings ist in unserer Geschichte noch etwas passiert, was uns das Verteilen erschwert – noch vor Globalisierung, GmbHs, Geldwirtschaft und Ressourcenknappheit. Nachdem die Menschheit 6 bis 8 Millionen Jahre überwiegend mit Jagen und Sammeln verbracht hat, haben wir vor 10 000 Jahren einen ziemlich revolutionären Entschluss gefasst: Wir werden sesshaft.

Davor hatten wir all unsere Habe mehr oder weniger nach Bedarf hergestellt. Wir wussten, wer daran beteiligt war und wem sie nutzte. Aber wer sesshaft ist, der hat Haus und Hof und außerdem ein Verteilungsproblem: Was wird nach dem Tod an wen vererbt? Mit welchen Rechten und welchen Pflichten? An welche Kinder? Die Antworten darauf haben ganze Gesellschaften geprägt und noch mehr Jane-Austen-Romane.

Mit der Sesshaftigkeit können wir unseren Besitz gewissermaßen über Generationen festhalten. Und das, was wir haben, lassen wir ungern wieder los. Ein Becher, den wir für 5 Euro erstanden haben, ist uns danach mindestens 7 wert, und selbst zu dem, was uns unverdient zugefallen ist, spüren wir schnell eine starke Bindung. Man kann das zum Beispiel gut sehen, wenn man im Diktator-Spiel etwas Unfairness einbaut: Der Computer zeigt eine Verteilung an, die uns bevorzugt, und wir müssten schnell genug klicken, um sie fairer zu gestalten. Sie glauben gar nicht, wie viel Zeit die Leute auf einmal haben! Oder der Computer bietet neben der unfairen Verteilung auch eine Alternative an, nur einen Klick entfernt, unter einem zugedeckten Feld. Ist sie fairer? Unfairer? Wir müssten nur draufklicken, um es zu erfahren. Aber das dauert so lange … Sie glauben gar nicht, wie eilig es die Leute auf einmal haben! Statt uns zu informieren und die fairste Lösung zu nehmen oder wenigstens diejenige, die uns am meisten bringt, sind wir besonders schlau und nehmen genau die, bei der wir gut wegkommen *und* das gute Gefühl haben, daran unschuldig zu sein. Von Unrecht profitieren, das wir nicht verursacht haben – das wahre Win-win. Würden wir dagegen die Alternativen kennen und das Unrecht billigend in Kauf nehmen, würde uns das womöglich mitschuldig machen. Kein Wunder, dass wir so ungern über unsere »Privilegien« nachdenken.

Dass wir Unrecht gern akzeptieren, solange wir es nicht direkt verursacht haben, ist bedenklich. Schließlich beruht jede Menge Erbe genau auf so einer Konstellation: auf Raubritterkapitalisten, adeligen Unterdrückern oder Nazis, die jüdische Unternehmen enteignen. Wenn man bedenkt, dass die Arbeit seit der Sesshaftigkeit über lange Zeitabschnitte hinweg auf Zwang, Sklaverei und Leibeigenschaft beruht, können wir davon ausgehen, dass das auch auf einen Großteil des unterwegs angesammelten Vermögens zutrifft.

Wir müssen auch gar nicht persönlich erben. Es reicht schon, in einem Land zu leben, das immer noch von den Folgen vergangener Ausbeutung profitiert. Vom Kolonialismus zum Beispiel, der sich Land, Ressourcen und Produktionskräfte angeeignet und Menschen verschleppt hat. Es ist natürlich schwer, seinen Einfluss auf das heutige Vermögen zu beziffern, aber zum Beispiel für den Koh-i-Noor-Diamanten in der Krone der Queen wäre es ziemlich einfach (200 Millionen Euro), und den gibt sie auch nicht wieder her. Auch sonst haben wir uns anscheinend so wenig bemüht, die Überreste der kolonialen Strukturen abzubauen, dass bei aller Entwicklungshilfe immer noch mehr Geld vom globalen Süden in den Norden fließt.[79]

Mit dem Erbe verliert Vermögen seine Vorgeschichte, und unsere Verteilung wechselt vom Gemeinschaftsgewinn wieder zum Diktator-Spiel. Dorthin, wo wir uns auch mit den einfachsten Ausreden vor dem Teilen drücken.

Die Welt wird mit dem Anhäufen von Besitz also nicht unbedingt gerechter, sondern um einiges konfliktgeladener. Erinnern wir uns nur an unsere ausgeprägte Aversion gegen Unfairness und an die Bereitschaft, sogar uns selbst zu schaden, nur damit der andere nicht besser dasteht als wir. Außerdem haben Vermögensunterschiede eine Tendenz, sich selbst zu verstärken, wie wir alle mal beim Monopoly-Spiel gelernt haben sollten. Dessen Erfinderin entwarf als Gegenutopie übrigens auch eine kooperative Variante. Ironischerweise ging die aber verloren, und die Anerkennung für die kapitalistische Version wurde ihr geklaut.

Wer mehr hat, kann auch mehr investieren und sich so die Konkurrenz vom Leib halten. Das war schon immer so, aber dennoch waren dem Wachstum von Unternehmen früher stärkere natürliche Grenzen gesetzt. Es ist schwer, ein Global Player zu sein, wenn man zum Besuch seiner Außenstelle erst um das Horn von Afrika segeln muss. Die industrielle Revolution brachte Züge und Telegramme mit sich und außerdem einen deutlichen Wettbewerbsvorteil für jeden, der sich eine Dampfmaschine leisten konnte. So entstanden die ersten Industriegiganten, deren Enkel oft heute noch steinreich sind. Mittlerweile können wir jede Information innerhalb von Sekunden teilen und jeden Ort auf der Welt innerhalb von Stunden erreichen (na gut, manchmal auch Tagen). Und für eine globale Verbreitung braucht Google keine Außenstelle am Horn von Afrika, sondern einfach etwas mehr Serverplatz.

Vermögen tendiert also dazu, aus dem Ruder zu laufen, heute mehr denn je, und das alles mit jeder Menge Konfliktpotenzial. Vielleicht empfehlen uns Religionen auch deshalb nicht nur das Teilen im Allgemeinen, sondern auch eine gewisse Skepsis vor dem Reichtum im Besondern. Die Bibel verweist auf die Todsünde Gier und sieht Kamele mit einer höheren Chance durch ein Nadelöhr gehen als Reiche ins Paradies. Die Calvinisten basteln sich extra eine Ausrede, nach der Reichtum auf Erden ein Zeichen für göttliches Wohlgefallen ist (und sind damit in den USA, Großbritannien und den Niederlanden sehr beliebt). Im Hinduismus erreicht man innere Zufriedenheit auch durch das Loslassen von Reichtum. Und im Buddhismus behält man ja ohnehin nichts außer einem seligen Lächeln. Manche vermuten sogar, dass der Sündenfall Adam und Evas den Übergang zum sesshaften Dasein darstellt (»Jetzt soll die Erbsünde auch noch am Kapitalismus schuld sein?«).

Interessanterweise würden selbst eingefleischte Ökonomen und Bankiers der Kritik an der Gier durchaus zustimmen. Viele betrachten sie als Antriebskraft der Finanzkrise. Dabei geht es ihnen aber um das rücksichtslose, (fast) kriminelle *Scheffeln* von Geld um jeden Preis. Das *Haben* an sich ist für sie unproblematisch. Im Gegensatz zu den Weltreligionen haben wir uns als Gesellschaft nie darauf geeinigt, was von massiver Ansammlung von Besitztum zu halten ist. Während eine Seite vehement davor warnt, klingt konzentrierter Reichtum auf der anderen Seite weniger wie ein Problem als wie das Ziel einer gut funktionierenden Marktwirtschaft.

Im deutschen Grundgesetz steht immerhin, dass Eigentum verpflichtet und sein Gebrauch dem Wohle der Allgemeinheit dienen soll. Es bleibt aber ein bisschen unklar, *zu was* es eigentlich verpflichtet. Und ob das für jede Art von Eigentum oder nur für das mit sozialer Relevanz gilt. Wohnraum zum Beispiel.

Zumindest auf ein gewisses Maß an Ungleichheit können wir uns jedenfalls einigen. Im weltweiten Durchschnitt gönnen Menschen dem CEO ein fünfmal höheres Einkommen als seinem unqualifiziertesten Mitarbeiter. Dänen finden das Doppelte legitim, Taiwanesen das Zwanzigfache.[80] Es gibt ja auch ein paar sinnvolle Argumente dafür: Vermögen erlaubt es Einzelnen, große Projekte anzustoßen, ohne sich vorher mit allen abzustimmen. Und es erlaubt dem Markt, Dinge zu produzieren, die sich erst mal nur ein paar Leute leisten können, die aber irgendwann auch dem Rest der Welt zur Verfügung stehen – wie Handys. Im Moment liegt die Ungleichheit allerdings weltweit auf einem ziemlichen Jahrhunderthöchststand, und die relativen CEO-Gehälter liegen überall weit über dem, was sozial akzeptiert ist (oder durch Zuwachs an Leistung und Lebenszufriedenheit gerechtfertigt werden könnte). Es ist nicht leicht, eine gute Begründung für einen Gehaltszuwachs von 1000 Prozent seit den 1980ern zu finden, wenn man den Angestellten nur 12 Prozent zugesteht. Was macht dieses exzessive Vermögen mit unserer Zusammenarbeit?

Beim geteilten Wissen bedeutet Besitz meistens Begrenzung. Privatschulen, Patente oder Paywalls. Wenn die Gemeinschaft heute in Wissen investiert und Forschende ihre Expertise frei teilen, dann landet der Wissensschatz oft hinter der Bezahlschranke wissenschaftlicher Verlage. Es ist schon merkwürdig, dass Menschen ihren wichtigsten Evolutionsvorteil, den Austausch von Wissen, blockieren, während Bakterien sich Erbinformation zur Antibiotikaresistenz weiterhin gebührenfrei schicken.

Auch unter Privatpersonen wird das Teilen kultureller Errungenschaften schwerer. E-Books lassen sich nicht weiterverschenken und gestreamte Dokus nicht ausleihen. Und Urheberrechtsreformen wecken in regelmäßigen Abständen Ängste um den freien Meinungsaustausch. Offensichtlich ist auch das Teilen von Wissen unter Beschuss.

Dank Patenten und Markenrecht kann auch die *Nutzung* von Wissen in Besitz übergehen. Von Erfindungen, Melodien und Farben über die Samen gentechnisch veränderter Pflanzen bis zum suahelischen Sprichwort »Hakuna Matata« oder der Grabinschrift I.N.R.I.

Warum das gerade bei medizinischen Errungenschaften so problematisch ist, zeigt das Beispiel von Insulin weiter vorne im Buch, das Frederick Banting der Menschheit zur freien Verfügung gestellt hatte. Die Weiterentwicklungen sind heute patentiert, was die Preise vielerorts in die Höhe treibt und den lebensrettenden Zugang beschränkt. Dabei wäre keine dieser Weiterentwicklungen möglich ohne Jahrhunderte von Menschheitswissen – von Banting bis zu Hippokrates' Feststellung, dass der Urin von Diabetikern süßlich schmeckt. Und auch heute noch mischt die Gemeinschaft deutlich mit:[81] Staatliche Förderung deckt bei der medizinischen Forschung durchschnittlich zwei Drittel der Kosten. Wir ignorieren mit Patenten also mal wieder zigtausend Jahre zugrunde liegende Zusammenarbeit, um dann zu fragen, warum Unternehmen ihre Errungenschaften teilen sollen (zumindest zu fairen Preisen).

Auch hier überschätzen wir die Bedeutung von Eigentum als Anreiz. Ein Großteil der heute noch relevantesten fünfzig Medikamente wurde ganz ohne Patentschutz entdeckt.[82] Und auch da, wo Patente ausgeweitet werden, ist ihre Wirkung auf Innovation mehr als umstritten. Wir schützen Privateigentum also vielleicht sogar auf Kosten der Zusammenarbeit.

Aber was bedeutet Eigentum für das Teilen von Ressourcen? Aus den ökonomischen Spielen wissen wir: Schwierigkeiten. Wenn wir mit unterschiedlichem Guthaben starten, erwidern wir Kooperation zögerlicher und zahlen nur widerwillig in die Gemeinschaftstöpfe.[83] Sollen doch die Kardashians ein paar Klunker lockermachen!

Außerhalb des Labors schafft Besitz vor allem Machtgefälle. Wer Vermögen hat, kann statt Arbeit einfach sein Geld in ein Gruppenprojekt einbringen oder es ganz über nehmen. Vor allem kann er frei entscheiden, welchen Deal er eingehen oder ausschlagen will, während er einen Menschen ohne Rücklagen schnell in die Ecke drängt.

So ist es auch bei Gehaltsverhandlungen: Unternehmen verlieren im schlimmsten Fall eine einzelne Angestellte, aber die verliert womöglich ihre Existenzgrundlage. Aber es ist nun mal die *gegenseitige* Abhängigkeit, die bei uns für Fairness sorgt. In einer Verhandlung müssen beide Parteien die Möglichkeit haben, Nein zu sagen, sonst ist es keine Verhandlung, sondern ein Diktator-Spiel. Um diese Möglichkeit einzuschränken, sperren sich zum Beispiel die US-Republikaner so gegen Arbeitslosenhilfe. Und deshalb erhoffen sich viele Leute vom Grundeinkommen eine gerechtere Welt.

Unterdessen sorgen Gewerkschaften schon mal dafür, dass bei einem »Nein« eben nicht nur Angestellte leer ausgehen, sondern auch die Betriebe Verlust machen – verwandeln also das Diktator- in ein Ultimatumspiel. Entsprechend schwanken die Rechte der Angestellten je nachdem, ob man Gewerkschaften schützt oder ihre Rechte beschneidet.

Die Erwartung, dass der Markt die Löhne regelt, würde uns von Adam Smith wieder ein Augenrollen einbringen, denn der wusste um die schlechtere Verhandlungsposition der Angestellten und erklärte es zur gemeinschaftlichen Aufgabe, sie zu stärken. Diktatorische Entscheidungen sind nun mal das Gegenteil eines freien Marktes, und staatliche Unterdrückung war Smith genauso suspekt wie konzentrierte Marktmacht und ihr

Hang zu Lohndumping und Preistreiberei. Am suspektesten waren ihm Kapitalisten, die ständig über den Preisanteil hoher Löhne jammern, aber zu ihren eigenen hohen Profiten beharrlich schweigen.

Kurzum: Wenn wir wollen, dass Gewinne fair verteilt werden, hilft es wenig, in einer diktatorischen Situation an Großzügigkeit zu appellieren. Das Ziel muss sein, dass Verhandlungen gar nicht die Form eines Diktator-Spiels annehmen.

Und was bedeutet Vermögen für geteilte Risiken? Einen Hinweis darauf gibt uns das Risikospiel, weiter oben, bei dem Sie mit Freunden zusammen Ihr Geld verwetten und so Risiken und Gewinne teilen. Was würde passieren, wenn ein paar Freunde ihr Geld nicht auf den Tisch werfen, sondern sicher im Portemonnaie behalten – und danach trotzdem Gewinne einstreichen wollen? Unfair, oder!? Wenig überraschend macht diese Spielvariante alles kaputt. Das Investitionsniveau sinkt ins Bodenlose. »Trittbrettfahrer« heißt diese Spielvariante – und man muss schon sagen, dass »Leute, die zu sehr an ihrem Geld festhalten« mal eine ganz eigene Definition von Trittbrettfahrern ist.

Wenn wir unsere ganze Wirtschaft als große wertschöpfende Zusammenarbeit sehen, in der jede Ausgabe irgendwo eine Investition ist, dann ist das, was wir einfach rumliegen haben, gemeinschaftlich gesehen ein Verlustgeschäft. Selbst wenn es in Aktien investiert wird, schöpft es nicht unbedingt realen Wert. Doch je größer das Vermögen, desto eher können wir nur von den Zinsen leben, ganz ohne unsere Zeit und Arbeit zu riskieren. Der französische Ökonom Thomas Piketty beschäftigt sich schon lange damit, was es bedeutet, wenn es sich für Menschen mehr lohnt, Geld in ihrem Portemonnaie (beziehungsweise auf der Bank) zu behalten, als es mutig auf den Tisch zu werfen – langweiliger formuliert, wenn die Kapitalrendite Vermögen stärker wachsen lässt als Arbeit. Nach und nach wandert alles Geld auf wenige Konten, und wir haben statt einem größeren Kuchen irgendwann Ungleichheit und ein Demokratieproblem. Und mag die Welt auch komplizierter sein als Pikettys Modell – wenn wir unterschiedliche Länder über die Zeit beobachten, gilt: Dort, wo Kapital wirtschaftlich besonders relevant ist, trifft man häufiger auf Ungleichheit. In den letzten Jahrzehnten hat dieser Zusammenhang die Konzentration von Reichtum stärker angetrieben als die ungleiche Bezahlung von Arbeit.[84]

Historisch betrachtet, hatte das Kapitaleinkommen fast immer die Nase vorn. Entsprechend gab es auch immer viel Ungleichheit (und wenig Demokratie), auch wenn wir nach dem Zweiten Weltkrieg mal kurz die Kurve bekommen haben. In letzter Zeit hat sich der

Trend wieder verstärkt. Und insgesamt betrachtet, leben heute wieder mehr Menschen in absoluter Armut als in den 1980ern.

Wenn man sich den konzentrierten Reichtum wie Steine im Geldfluss vorstellt, ist es wenig überraschend, dass daran über kurz oder lang alles hängen bleibt. Wenn ich zum Beispiel in der Nachbarschaft ein Sofa kaufe und darauf mit einer Pizza Wein trinke, dann profitieren jedes Mal eBay, PayPal und Deliveroo. Die Daten meiner Sofasuche liegen jetzt bei Google (»Die Frau hat keinen Geschmack«). Und im Gegensatz zum Italiener um die Ecke und dem Nachbarn, dem ich das Sofa abgekauft habe, geben die Internetanbieter das Geld längst nicht so schnell wieder aus.

»Marginale Konsumquote« nennt sich die Wahrscheinlichkeit, mit der Leute Geld, das sie bekommen, ausgeben – bei armen Leuten liegt sie weitaus höher, denn die können nicht sparen, sie brauchen eine Waschmaschine. Oder was zu essen. Darum ist Geld, das wir nach unten verteilen, üblicherweise nie weg, sondern nur woanders – und das nicht allzu lange. Im Endeffekt heizt es das Wirtschaftswachstum an. Progressive Steuererleichterungen zugunsten der Armen können schon mal einen Boom auslösen. Aber weil die Wirtschaft nun mal aufgebaut ist, wie sie aufgebaut ist, landet der Hauptgewinn dieses Booms am Ende wieder bei eBay, PayPal und

Deliveroo, oder bei der Vermieterin. Und so folgt auf progressive Steuern und Wirtschaftswunder hin und wieder sogar *mehr* Ungleichheit.[85] Im Gegensatz dazu zeigt eine aktuelle Studie der London School of Economics: Geld, das man über Steuererleichterung an die Reichen verteilt, hat in 18 Ländern über fünfzig Jahre lang weder Wachstum noch Arbeitsplätze gebracht, dafür aber Ungleichheit verstärkt.

Allzu viel Haben kann uns das Teilen also ganz schön schwer machen. Trotzdem loben wir beharrlich Sparsamkeit und Reichtum, und niemand sagt uns, dass Dagoberts Geldspeicher dem Geldkreislauf schadet. Auch unsere Umverteilungsmechanismen scheinen es geradezu darauf anzulegen, die Trittbrettfahrervariante des Risikospiels zu reproduzieren, bei der sich irgendwann keiner mehr einbringen will. Denn sie besteuern das Geld auf dem Tisch viel härter als das im Portemonnaie. Arbeit wird bis zu 42 Prozent besteuert, Kapital nur zu 25. Der Steuerfreibetrag auf Erbe beträgt je nach Verwandtschaftsgrad mehrere Hunderttausend Euro und die durchschnittliche Steuer, die auf Millionenerbe gezahlt wird, 10 Prozent. Bei mehreren Millionen *sinkt* der Betrag auf 0,2–5 Prozent. Wir fördern also Ungleichheit und entmutigen gleichzeitig Arbeit und wertschöpfende Investition. Inzwischen fordert sogar der Chef des Weltwirtschaftsforums eine Vermögenssteuer und eine massive Umverteilung von Reich zu Arm und von Kapital zu Arbeit. Piketty wünscht sich einen Spitzensteuersatz von rund 80 Prozent – genauso wie zu Zeiten des Wirtschaftswunders.

Um solche Ideen überhaupt zu diskutieren, müssten wir uns allerdings erst mal schweren Herzens von der Idee verabschieden, dass Geld von oben tropft, und uns ebenso schweren Herzens mit der Alternative anfreunden: dass es nach oben steigt. Schon als Henry Ford auf die Idee kam, seine Mitarbeiter so zu bezahlen, dass sie die selbst hergestellten Autos auch selbst kauften, nannte das *Wallstreet Journal* das schlicht ein ökonomisches Verbrechen. (Und man muss sich schon sehr anstrengen, um politisch fragwürdigere Dinge zu vertreten als Henry Ford.)

Die Perspektive der Zusammenarbeit hilft uns zu verstehen, warum Verteilung Gewinn schöpft. Allein, wenn man bedenkt, wie viel von dem Geld am unteren Ende der Einkommenspyramide in Gemeingüter investiert wird: Kita, Nachhilfe, Nahverkehr, Internet, Strom und Krankenversicherung. Selbst das Späti-Bier unterstützt den lokalen Einzelhandel. Obdachlose investieren Geldgeschenke in Essen, Kleidung, Arbeit und ein Dach über dem Kopf,[86] und ein Dorf in Namibia investiert sie in Gesundheit, Schulbesuche und ein Wirtschaftswachs-

tum von 12 Prozent.[87] Es ist gar nicht leicht, Geld zu ver-
schwenden, wenn man es zum Überleben braucht.

Dagegen ist der Spaß am Luxus ja gerade, dass man
ihn nicht braucht. Und der Spaß am Reichsein ist, Dinge
für uns zu haben, die der Rest sich sonst teilen muss: Flug-
zeuge, Gärten, kleinere Südseeinseln und einen Monet
fürs Gästeklo. Und weil Reiche oft auch berühmt sind,
träumen jetzt alle von einem Privatjet oder mindestens
von einem genauso lauten SUV. All das erzeugt weniger
Gemeinschaftsgewinn und mehr externe Kosten.

Das Ziel ist also eigentlich klar: Wir müssen nicht nur
unsere Verteilung ändern, sondern auch unsere Einstellung dazu. Aber wie soll das überhaupt gehen, wenn die
Fronten dermaßen verhärtet sind zwischen denen, die
das Geld verteilen wollen, und denen, die Steuern für eine
sozialistische Neiddebatte halten? Wie soll man da je auf
einen Nenner kommen?

Erstaunlich einfach, stellt sich raus. Jedenfalls, wenn
wir uns mal von der Ebene des politischen Framings verabschieden und die Leute auf der Straße fragen, welche
Verteilung sie sich vorstellen. Das Wunschverhältnis von
CEO- und Azubi-Gehalt unterscheidet sich zum Beispiel
kaum zwischen den politischen Lagern. Auch wenn man
die notorisch gespaltenen Amerikaner fragt, welche »an-
onymisierte« Vermögensverteilung ihnen am liebsten ist,

sind sie sich erstaunlich einig: die in Schweden. Wenn sie selbst die Verteilung verschieben können, gibt es einen riesigen Überschneidungsbereich bei dem, was alle umsortieren würden (nämlich weg von den oberen 20 Prozent), und einen minimalen politischen Unterschied, über den es sich kaum zu streiten lohnt.

Aber warum schreien dann alle so?

Der erste Grund ist natürlich einfach: ein Knick in der Wahrnehmung. Die meisten Menschen (gerade in Amerika) gehen davon aus, dass die Vermögensverteilung ausgeglichener ist, als es tatsächlich der Fall ist. Je mehr wir sie aber unterschätzen, desto überflüssiger finden wir Verteilungsgerechtigkeit.[88]

Einen anderen Hinweis liefert uns die Frage, wer Wohlfahrt oder soziale Unterstützung verdient. Auch da lässt sich Konsens finden. Ein Beispiel: »Ein Mann hat seinen Job durch einen unglücklichen Arbeitsunfall verloren, jetzt sucht er redlich, findet aber nichts und erhält Unterstützung.« Amerikaner und Dänen finden *beide*, dass der Mann Hilfe verdient. Beschreibt man ihn dagegen als »Faulenzer, der keine Lust hat, Arbeit zu suchen«, würden *beide* die Hilfe ablehnen. Aber wenn man sich die Zusatzinfos spart und einfach nur fragt: »Ein Mann erhält soziale Sicherung, hat er sie verdient?«, dann sagen die Dänen Ja, die Amerikaner: Nein. In der neutralen Situation liegt der Hauptunterschied auf einmal in der Geschichte, die wir uns erzählen. Und die ist kulturell geprägt. Vielleicht durch Fox News' regelmäßige Ausführungen über die Maker und die Taker und die »Schnorrerklasse«. Bei den hiesigen Medien scheiden sich die Geister: Wo das Thema »Sozialmissbrauch« in den meisten Zeitungen angemessen geringe Priorität hat, wird es in anderen mit personalisierten Kosenamen zelebriert, »Hartz-IV-Schmarotzer Florida-Rolf« hat noch heute seinen eigenen Wikipedia-Eintrag.

Dass die Geschichten Emotionen wecken, ist nicht weiter verwunderlich, wenn man bedenkt, dass unsere Zusammenarbeit eben nicht nur von aufgeschlossenem Vertrauen abhängt, sondern auch davon, dass wir auf Ungerechtigkeit mit Frust, Verweigerung und Schadenfreude reagieren. Dass wir wiederum so verschieden auf diese Geschichten anspringen, könnte damit zu tun haben, dass diese beiden Tendenzen – aufgeschlossene Kooperation versus Wachsamkeit – von Mensch zu Mensch unterschiedlich stark ausgeprägt sind. Der Unterschied trägt höchstwahrscheinlich zu unseren politischen Differenzen bei. Einschließlich der Frage, ob wir uns mehr darum sorgen, jemanden außen vor zu lassen, oder darum, ihn einzubeziehen.

Wie dem auch sei, wenn es darum geht, wer Wohlfahrt verdient, werden wir uns wohl nie so richtig einig werden. Zumal manche Parteien auch gar kein Interesse daran haben, Einigkeit anzustreben. Dazu gehören natürlich Vermögende, die keine Steuern zahlen wollen, aber auch Rechtspopulisten, die im schwächelnden Sozialstaat nachweisbaren Rückenwind erhalten.[89,90] Einmal an der Macht, können Letztere dann noch mehr Sozialleistungen kürzen, dabei auf Flüchtlinge und Sozialschmarotzer verweisen und damit noch mehr Rückenwind erzeugen – wie ein faschistisches Perpetuum mobile. Wie soll der ehemalige Pressesprecher der AfD gesagt haben? Je schlechter es Deutschland geht, desto besser für uns.[91] Sprich, die AfD. Und darum findet man gerade im Wahlprogramm derer, die sich angeblich für Abgehängte einsetzen, nur Politik, die diese noch weiter abhängen will. Die Parteien der Besserverdienenden wiederum bemühen sich nach Kräften, alle staatliche Organisation von Zusammenarbeit im Framing von großzügigen Almosen zu diskutieren.

Dabei wissen wir mittlerweile, dass Bildung, Gesundheit und Co seit jeher Grundrechte unserer Gemeinschaft sind und jede Menge Wertschöpfung bedeuten. Und dass wir die Menschen, die in diesen Bereichen arbeiten, aus genau diesem Grund angemessen bezahlen sollten – nicht aus irgendeinem schlechten Gewissen oder einem großzügigen Impuls heraus. Sondern weil es ohne sie nicht geht. Haben wir denn aus der Pandemie gar nichts gelernt?

Die Welt hat ein Verteilungsproblem. Wir produzieren und produzieren, nehmen von der Natur weit mehr, als uns zusteht, und verteilen die Ausbeute nicht mal an die Mehrheit, sondern in Richtung eines Berges von Reichtum, der unsere Zusammenarbeit gefährlich zum Kippeln bringt. Bis das Teilen längst wieder zur Überlebensfrage wird. Ungleichheit gefährdet unseren Lebensraum, unsere Gesundheit und unsere Demokratie, und wir müssen etwas dagegen tun. Schnell.

Dafür müssten wir allerdings nicht nur unsere Einstellung zum Teilen, sondern auch unsere Rhetorik auf den Kopf stellen. Denn obwohl die Unzulänglichkeiten unserer Verteilung hinreichend bekannt sind, reden wir erstaunlich häufig so, als wäre sie gerecht. Wir philosophieren über Selfmademänner oder Leistungsträger und wundern uns, warum Frauen niedrig bezahlte Jobs wählen, statt zu fragen, warum alle essenziellen Jobs niedrig bezahlt *sind*. Dann berufen wir uns auf die unsichtbare Hand des Marktes – wollen dabei aber nichts von dem beachten, was dieser freie Markt nach Smith zum Überleben braucht: begrenzte Marktmacht, Preise, die gesellschaftliche Kosten reflektieren, Schutz der Arbeiter und ihrer Gesundheit und nicht zuletzt die Skepsis vor zu hohem Profit.

So stellen wir uns bei allem quer, was Veränderung bewirken könnte. Unken über Verzicht auf Autos, Fleisch

und Reisen, statt all das zu sehen, was wir durch Klimaschutz gewinnen (oder wenigstens an weiteren Schäden
vermeiden). Letztlich kommt der Planet auch ohne uns
klar. Bei seiner »Rettung« ging es schon immer nur um
uns.

Wir kürzen und zerstören alles, was wirklich wert-
schöpft, nur weil wir vergessen haben, diesen Wert zu
berechnen, und bauen unsere Institutionen auf dem
Homo oeconomicus auf statt auf allem, was unsere Gemeinschaft zusammenhält: Solidarität, Reziprozität, Gerechtigkeit, Vertrauen. Nur um die gleichen Werte da zu
beschwören, wo es eigentlich Regeln und Konsequenzen
braucht – beim Schutz von Gesundheit, Arbeitnehmer-
rechten und Gemeingütern.

Wenn wir unsere Gedanken zum Teilen und Haben erst
einmal umsortiert haben, können wir viel mehr wagen –
und mehr gewinnen. Machtgefälle könnten ausgeglichen,
Angestelltenrechte geschützt werden. Subventionen und
Hilfsgelder könnten an Bedingungen geknüpft werden:
CEO-Gehälter an die der Belegschaft koppeln, nachhal-
tig wirtschaften, Gewinnausschüttung an die, die Arbeit
beitragen statt nur Kapital. Erbschaftssteuern könnten
das Geld wieder besser zwischen den Generationen verteilen. Und auch wenn Europa wohl kaum seine Jahrhun-
dertbeute aus der Kolonialzeit zurückgeben wird, könnte

es denen, die darunter gelitten haben, wenigstens freieren Zugang zu dem Waren- und Arbeitsmarkt gewähren, der genau auf diesem Reichtum aufbaut. Auch nicht aus Großzügigkeit, sondern aus Gerechtigkeit. Außerdem könnten wir die Schulden, Strukturen und Zinsen kappen, die den Süden *noch heute* benachteiligen. Von wegen Europa ist ein Club, in den nur reinkann, wer etwas beiträgt.

Vor allem könnten wir mit gutem Gewissen in Zusammenarbeit investieren. Klimaschutz durchsetzen, zerstörte Natur wiederbeleben, Forschung und Pflege fördern, Schulen vernünftig ausstatten (und Kindergärten noch besser) – und das alles als Investition sehen statt als Kostenfaktor. Vollständige Modelle, die diese Faktoren miteinbeziehen, könnten uns erlauben, endlich *wirklich* vernünftige Entscheidungen zu treffen. Wir könnten in unseren Läden vernünftige Preise haben und ohne Googeln und schlechtes Gewissen einkaufen gehen. Könnten Teilzeitarbeit zur Norm werden lassen, nicht nur weil wir dann endlich wieder mehr Zeit für Kinder und Familie hätten, sondern auch weil wir davon ausgehen, dass es Mehrwert bringt, wenn wir Arbeit auf Teams verteilen. Während der Arbeit könnten wir motiviert sein, weniger durch Wettbewerb und mehr durch Teamwork und einen fairen Gewinnanteil.

Wir könnten über Grundeinkommen diskutieren, ganz ohne darüber zu spekulieren, wer das verdient oder verdaddelt. Weil wir wissen, dass Geld bei den meisten Menschen nicht versinkt, sondern ausgegeben wird und spätestens dann wieder Mehrwert schafft. Oder auch einfach, weil es ohnehin zum Menschen dazugehört, dass wir unsere Lebensgrundlage teilen, auch mit denen, die Kinder und andere Familienmitglieder versorgen, und dass wir einander den Rücken freihalten, um riskante Wege auszuprobieren oder vor uns hin zu tüfteln, in der Hoffnung, dass irgendjemand was rausfindet und das dann mit uns allen teilt. Als der Historiker Bill Bryson die Geschichte von Entdeckungen und Erfindungen katalogisiert hat, fand er jede Menge davon in Pfarrhäusern. Man gebe einer Berufsgruppe eine gute Ausbildung, ein gutes Gehalt und vergleichsweise wenig zu tun – das Ergebnis ist die Entdeckung des Uranus, von Spinnen und Dinosaurierknochen, genauso wie die Erfindung des U-Boots.[92] Wenn die Gemeinschaft sie stützt, können Menschen ganz Erstaunliches schaffen. Angefangen mit dem Vertrauen.

Wie auch immer wir unsere Verteilung organisieren – sie muss wieder mehr Zeit und Raum lassen für die Bereiche unseres Zusammenlebens, die nie Teil des Marktes geworden sind – Care-Arbeit, geteiltes Wissen, Zeit, die der Gemeinschaft nutzt, ohne dass wir dafür direkt etwas zurückbekommen.

Nichts davon ist wirtschaftsfern. Adam Smith würde uns jede Kritik am ungezügelten Kapitalismus unterschreiben. Und wenn es nach John Maynard Keynes geht, der unsere Wirtschaft immerhin jahrzehntelang stabiler und besser gemacht hat, dann arbeitet die Menschheit ab 2030 nur noch 15 Stunden pro Woche. Ansonsten schöpft sie endlich ihr volles Potenzial aus. Ist es nicht lohnenswerter, wieder um eine *solche* Zukunft zu kämpfen, als stoisch-verzweifelt am Operationsmodus der letzten Jahrzehnte festzuhalten, von dem wir nicht mal wissen, ob er uns 2030 noch einen bewohnbaren Planeten bietet?

Die neuen Visionen sind greifbarer, als man denkt, wenn wir nur ein paar veraltete loslassen.

Quellen zum Weiterlesen

1 McKay, R., »Religion and morality«, *Psychol. Bull.* (2015)

2 Nienhaus, Lisa, »Die Weltverbesserer: Die Hohepriesterin des Egoismus«, *Frankfurter Allgemeine Zeitung*, 06.09.2014

3 Garrelts, Nantke, »Narzissmus spielt auch eine Rolle«, *Der Tagesspiegel*, 01.09.2020

4 Zaki, J., »Catastrophe Compassion: Understanding and Extending Prosociality Under Crisis«, *Trends in Cognitive Sciences* (2020)

5 Bogale, A., »To share or not to share? (Non-)violence, scarcity and resource access in Somali Region«, *Ethiopia. J. Dev. Stud.* (2007)

6 Bartos, V., »Seasonal Scarcity and Sharing Norms«, *SSRN Electron. J.* (2016)

7 Nie, Z., »Resource scarcity and co-operation: Evidence from a gravity irrigation system in China«, *World Dev.* (2020)

8 Chen, Y., »Family income affects children's altruistic behavior in the dictator game«, *PLoS One* (2013)

9 Townsend, C., »Generosity among the Ik of Uganda«, *Evol. Hum. Sci.* (2020)

10 Maghsoudi, A., »Coordination of efforts in disaster relief supply chains: the moderating role of resource scarcity and redundancy«, *Int. J. Logist. Res. Appl.* (2018)

11 Cutler, J., »A comparative fMRI meta-analysis of altruistic and strategic decisions to give«, *Neuroimage* (2019)

12 Crockett, M. J., »Harm to others outweighs harm to self in moral decision making«, *Proc. Natl. Acad. Sci. U.S.A.* (2014)

13 Dana, J., »Exploiting moral wiggle room: experiments demonstrating an illusory preference for fairness«, *Econ. Theory* (2007)

14 Böckler, A., »The Structure of Human Prosociality Differentiating Altruistically Motivated, Norm Motivated, Strategically Motivated, and Self-Reported Prosocial Behavior«, *Soc. Psychol.* (2016)

15 Engel, C., »Dictator Games: A Meta Study«, *SSRN Electron. J.* (2010)

16 Luccasen, A., »A robust test of warm glow giving and spiteful pleasure in a ›real donation‹ experiment with and without earned endowments«, *IDEAS Work. Pap. Ser. from RePEc* (2013)

17 Janmaat, K., »Chimpanzees use long-term spatial memory to monitor large fruit trees and remem-

ber feeding experiences across seasons«, *Anim. Behav.* (2013)

18 Janmaat, K., »Wild chimpanzees plan their breakfast time, type, and location«, *Proc. Natl. Acad. Sci. U.S.A.* (2014)

19 Herrmann, E., »Humans have evolved specialized skills of social cognition: the cultural intelligence hypothesis«, *Science* (2007)

20 Vlamings, P. H. J. M., »Reaching around barriers: The performance of the great apes and 3-5-year-old children«, *Anim. Cogn.* (2010)

21 Wobber, V., »Differences in the early cognitive development of children and great apes«, *Dev. Psychobiol.* (2014)

22 Sussman, R. W., »Proximate Mechanisms Regulating Sociality and Social Monogamy, in the Context of Evolution«. In: Sussman, Robert & Chapman, Audray (Hrsg.), *The Origins and Nature of Sociality*, New York 2019

23 Haas, R., »Female hunters of the early Americas«, *Sci. Adv* (2020)

24 Gilby, I. C., »Meat sharing among the Gombe chimpanzees: Harassment and reciprocal exchange«, *Anim. Behav.* (2006)

25 Tomasello, M., »Reliance on head versus eyes in the gaze following of great apes and human infants:

the cooperative eye hypothesis«, *J. Hum. Evol.* (2007)

26 Burnham, T. C., »Engineering human cooperation: Does involuntary neural activation increase public goods contributions?«, *Hum. Nat.* (2007)

27 Brosnan, S. F., »On potential links between inequity aversion and the structure of interactions for the evolution of cooperation«, *Behaviour* (2016)

28 Kaplan, H. S., »Risk and the evolution of human exchange«, *Proc. R. Soc. B Biol. Sci.* (2012)

29 Aktipis, C. A., »Risk-Pooling and Herd Survival: An Agent-Based Model of a Maasai Gift-Giving System«, *Hum. Ecol.* (2011)

30 Tamir, D. I., »Informing others is associated with behavioral and neural signatures of value«, *J. Exp. Psychol. Gen.* (2015)

31 Scholz, C., »The Neuroscience of Information Sharing«. In: Brooke Foucault, Welles & González-Bailón, Sandra (Hrsg.), *The Oxford Handbook of Networked Communication* (2020)

32 Rand, D. G., »Spontaneous giving and calculated greed«, *Nature* (2012)

33 Baumgartner, T., »The Neural Circuitry of a Broken Promise«, *Neuron* (2009)

34 Fehr, E., »Social neuroeconomics : the neural circuitry of social preferences Social neuroeconomics: The neural circuitry of social preferences«, *Trends in Cognitive Sciences* (2007)

35 Rilling, J. K., »A neural basis for social cooperation«, *Neuron* (2002)

36 Mengel, F., »Risk and Temptation: A Meta-study on Prisoner's Dilemma Games«, *Econ. J.* (2018)

37 DeScioli, P., »Share the Wealth: Redistribution Can Increase Economic Efficiency«, *Polit. Behav.* (2018)

38 Mazzucato, M., *Wie kommt der Wert in die Welt? Von Schöpfern und Abschöpfern*, Frankfurt am Main 2019

39 van der Weele, J. J., »Resisting moral wiggle room: How robust is reciprocal behavior?«, *Am. Econ. J. Microeconomics* (2014)

40 Balliet, D., »Trust, Punishment, and Cooperation Across 18 Societies: A Meta-Analysis«, *Perspect. Psychol. Sci.* (2013)

41 Martin, C. F., »Chimpanzee choice rates in competitive games match equilibrium game theory predictions«, *Sci. Rep.* (2014)

42 Balliet, D., »Communication and Cooperation in Social Dilemmas: A Meta-Analytic Review«, *J. Conflict Resolut.* (2009)

43 Siehe Anmerkung 27.

44 Singer, T., »Empathic neural responses are modulated by the perceived fairness of others«, *Nature* (2006)

45 Akerlof, G. A., »The fair wage-effort hypothesis and unemployment«, *Q. J. Econ.* (1990)

46 Krueger, A. B., »Strikes, scabs, and tread separations: Labor strife and the production of defective Bridgestone/Firestone tires«, *J. Polit. Econ.* (2004)

47 Velez, J. A., »Extending the theory of Bounded Generalized Reciprocity: An explanation of the social benefits of cooperative video game play«, *Comput. Human Behav.* (2015)

48 Tzieropoulos, H., »The impact of disappointment in decision making: inter-individual differences and electrical neuroimaging«, *Front. Hum. Neurosci.* (2011)

49 Yamagishi, T., »Bounded generalized reciprocity: Ingroup boasting and ingroup favoritism«, *Advances in Group Processes* (1999)

50 Karp, D., »Raising the Minimum in the Minimal Group Paradigm«, *Japanese J. Exp. Soc. Psychol.* (1993)

51 Mifune, N., »Altruism toward in-group members as a repu-

tation mechanism«, *Evol. Hum. Behav.* (2010)

52 Zelmer, J., »Linear public goods experiments: A meta-analysis«, *Exp. Econ.* (2003)

53 Yamagishi, T., »The social exchange heuristic managing errors in social exchange«, *Ration. Soc.* (2007)

54 Fehr, E., »Egalitarianism in young children«, *Nature* (2008)

55 Cowell, J. M., »The neuroscience of implicit moral evaluation and its relation to generosity in early childhood«, *Curr. Biol.* (2015)

56 Vaish, A., »Preschoolers value those who sanction non-cooperators«, *Cognition* (2016)

57 Toppe, T., »Playing a cooperative game promotes preschoolers' sharing with third-parties, but not social inclusion«, *PLoS One* (2019)

58 Decety, J., »The neural bases of cooperation and competition: an fMRI investigation«, *Neuroimage* (2004)

59 Wah, F., »Effects of reward pedagogy on spelling scores and prosocial behaviors in primary school students in Singapore«, *Educ. Psychol.* (2020)

60 Blakely, J., »How Economics Becomes Ideology: The Uses and Abuses of Rational Choice Theory«. In: Róna, Peter & Zsolna, László (Hrsg.), *Agency and Causal Explanation in Economics. Virtues and Economics*, Bd. 5, Cham 2020

61 McGregor, S., »Neoliberalism and health care«, *Int. J. Consum. Stud.* (2001)

62 Ifcher, J., »The rapid evolution of homo economicus: Brief exposure to neoclassical assumptions increases self-interested behavior«, *J. Behav. Exp. Econ.* (2018)

63 Zaleskiewicz, T., »Market mindset impacts moral decisions: The exposure to market relationships makes moral choices more utilitarian by means of proportional thinking«, *Eur. J. Soc. Psychol.* (2020)

64 Hendrik Streeck, bei *Maischberger die Woche*, 14.10.2020, ww.ard-mediathek.de/daserste/video/maischberger/virologe-hendrik-streeck-im-gespraech/das-erste/Y3JpZDovL2Rhc2Vyc3RlLmRlL21lbnNjaGVuLuIGJlaSBtYWlzY2hiZX]nZXIvMzkoZDYoODgtNmEyOCo0YmEoLWIxODYtMjBjMDMwMzNkZjlh/64

65 Ko, S. G., »How Does Context Affect Assessments of Facial Emotion? The Role of Culture and Age«, *Psychol. Aging* (2011)
Van de Veerdonk, E., »Placing the Face in Context: Cultural Dif-

ferences in the Perception of Facial Emotion«, *J. Pers. Soc. Psychol.* (2008)

Kafetsios, K., »Judging Facial Emotion Expressions in Context: The Influence of Culture and Self-Construal Orientation«, *J. Nonverbal Behav.* (2016)

66 Sanders, S., »The neoliberal roots of modern vaccine hesitancy«, *J. Heal. Soc. Sci.* (2019)

67 Birnbaum, Robert & Fiedler, Maria, »CDU-Kandidat Friedrich Merz: ›Nur modern sein wollen, reicht nicht‹«, *Der Tagesspiegel*, 19.11.2020

68 Kopelman, S., »The effect of culture and power on cooperation in commons dilemmas: Implications for global resource management«, *Organ. Behav. Hum. Decis. Process.* (2009)

69 Ruff, C. C., »Changing social norm compliance with noninvasive brain stimulation«, *Science* (2013)

70 McCloskey, S., »Covid-19 has exposed neoliberal-driven ›development‹: how can development education respond? Policy & Practice: A Development Education Review«, *Pract. Dev. Educ. Rev.* (2020)

71 Hedermann, G., »Danish premature birth rates during the COVID-19 lockdown«, *Arch. Dis. Child. Fetal Neonatal Ed.* (2020)

72 Lessenich, Stephan, *Neben uns die Sintflut. Die Externalisierungsgesellschaft und ihr Preis*, Berlin 2016

73 Lawson, M., »Time to Care: Unpaid and underpaid care work and the global inequality crisis«. In: *OXFAM Briefing Paper*, Januar 2020, https://oxfamlibrary.open repository.com/bitstream/hand le/10546/620928/bp-time-to-care-inequality-200120-en.pdf

74 Porto, R. G., »Pollination ecosystem services: A comprehensive review of economic values, research funding and policy actions«, *Food Secur.* (2020)

75 Strand, J., »Spatially explicit valuation of the Brazilian Amazon Forest's Ecosystem Services«, *Nat. Sustain.* (2018)

76 Burke, M., »Large potential reduction in economic damages under UN mitigation targets«, *Nature* (2018)

77 Göpel, Maja, *Unsere Welt neu denken. Eine Einladung*, Berlin 2020

78 Clark, M. A., »Global food system emissions could preclude achieving the 1.5° and 2°C climate change targets«, *Science* (80). (2020)

79 Gurtner, B., »Aspects Of Development Financing After the Financial and Economic Crisis«. In: *International Development Policy:*

Energy and Development Online Serie, http://poldev.revues.org/144 (2011)

80 Kiatpongsan, S., »How Much (More) Should CEOs Make? A Universal Desire for More Equal Pay«, *Perspect. Psychol. Sci.* (2014)

81 Boldrin, M., »The case against patents«, *Journal of Economic Perspectives* (2013)

82 Zelmer, J., »Linear public goods experiments: A meta-analysis«, *Exp. Econ.* (2003)
Calabuig, V., »Carry a big stick or no stick at all: Punishment and endowment heterogenity in the trust game«, *Journal of Economic Psychology* (2016)

83 Piketty, T., »Distributional national accounts: Methods and estimates for the United States«, *Quarterly Journal of Economics* (2018)
Bengtsson, E., »Capital Shares and Income Inequality: Evidence from the Long Run«, *J. Econ. Hist.* (2018)

84 Jackson, L., »Tax Progressivity, Economic Booms, and Trickle-Up Economics«, FRB St. Louis Working Paper No. 2019-34, *SSRN* (2019)

85 Foundations for Social Change, »A Global First Direct Cash Transfer Study Shows Promising Results for People Recently Homeless«, *PRNewswire*, 06.10.2020, https://www.prnewswire.com/news-releases/a-global-first-direct-cash-transfer-study-shows-promising-results-for-people-recently-homeless-301146321.html

86 Dahlmann, F., »Was wurde aus dem Grundeinkommen in Namibia?«, *brand eins*, https://www.brandeins.de/themen/rubriken/was-wurde-aus/dem-grundeinkommen-in-namibia (zugegriffen am 07.12.2020)

87 Hauser, O. P., »(Mis)perceptions of inequality«, *Current Opinion in Psychology* (2017)

88 Swank, D., »Globalization, the welfare state and right-wing populism in Western Europe«, *Socio-Economic Rev.* (2003)

89 Berman, S., »Populism and the decline of social democracy«, *J. Democr.* (2019)

90 Fuchs, C., »Je schlechter es Deutschland geht, desto besser für die AfD«, *DIE ZEIT*, 28.09.2020

91 Bryson, Bill, *Eine kurze Geschichte der alltäglichen Dinge*, München 2011

92 Burr, Dan E., *Economix. Wie unsere Wirtschaft funktioniert (oder auch nicht)*, Berlin 2013